自分らしく生きるヒントが詰まった21ストーリー

LIVE TRUE TO ONESELF

安立由佳／新崎悦子／一番ヶ瀬千恵／岡佐紀子／小川樹吏子
桧山真紀／神山涼子／皐月香里／清水なほみ／白幡広紀子
杉江紗希子／高根澤弘恵／谷口いな／鶴野敏頓／内藤恵梨
長岡行子／藤澤明子／松城直子／松崎綾乃／丸山加代／渡部佳奈子

Rashisa

自分らしく生きるヒントが詰まった

21ストーリー

自分らしく生きるヒント
――はじめに――

本書を手に取っていただきましてありがとうございます。もし、今あなたが「生き方を変えたい」「新しいことに挑戦したいけど、なかなか一歩踏み出せない」「自分らしくってよく言うけど、自分らしさって一体なんだろう？」と思われているなら、ぜひ本書を最後までお読みいただければと思います。

「自分らしさ」は自分以外の誰かが見つけてくれるわけではありません。自分の感情や気持ちに自分の耳を傾けながら探すしかありません。ただ、自分らしく生きるためのヒントは必要だと思っています。自分の育ってきた環境や生活だけではあまりに枠が狭く、視野が広がらないからです。視野を広げ、自分のこれまでの枠を飛び超えることで選択肢が増え、「自分らしさ」が見つかりやすくなります。

本書は全国から選ばれし21名の自分らしく自由に生きる女性起業家に生き方・働き方・ライフスタイル・考え方・これまでどのような人生を歩んできて「今」があるのかなどを執筆いただいています。21名の著者も元々、裕福だったわけでも特別な家柄だったわけでもありません。

ごく普通のOLや主婦から人生が変わるキッカケやチャンスをしっかり掴み取って、どんなことがあっても諦めることなく前を向いて行動し続けた結果、自分らしく自由に生きる人生を手に入れています。

あなたも本書を通して、21名の生き方や考え方、一人ひとりの女性起業家の人生ストーリーに触れることで選択肢が広がり、自分らしく生きるためのヒントが見つかるはずです。

そして、一歩踏み出す勇気をもらえます。

本書の読み進め方は前から順番にお読みいただいてもいいですし、目次を見て気になる女性起業家からお読みいただいても構いません。ただ、絶対にしてほしくないことが一つだけあります。

それは本を読み終わった後に、「何も行動しない」ことです。本書はあなたの人生を変えるキッカケになる一冊になると信じています。

どんなことでもいいので、何か小さな一歩を踏み出してみてください。21名の著者の中で心に響いた方がおられたのなら、HPやSNSから感想をDMしてみたり、普段では絶対に行かないお店に入ってみたり。

普段の自分ならしない選択や決断をしていくだけで、人生の歯車は少しずつ良い方向に変わってきます。

また、本書は著者ごとの最後のページに「自分らしく生きるヒント」を書いています。あなたが一歩踏み出し、これからの人生で高い壁が立ちはだかったり、辛い出来事が起きて目の前が真っ暗になった時は、改めて本書を開いてお読みください。きっとあなたの気持ちを軽くしたり、前向きにしてくれたり、壁を乗り越えるための強い心があなたの道を指し示してくれるはずです。

では、自分らしく自由に人生を生きるための新しい扉をゆっくりと開いてみてください。

Rashisa出版（ラシサ出版）編集部

世の女性に知られていない自由気ままに人生を歩める不動産鑑定士とは？！

不動産鑑定士　小川樹恵子

アクセサリー作りを趣味の延長線で終わらせない！ドン底でも諦めずに7年で約2万個販売した道のり

ファッション雑貨販売＆アクセサリースクール主宰　柏山真紀

中卒・コネなし・はみ出し者のギャルママが25歳で起業！
4人のママでも好きを仕事に生きる欲張り人生の原点

cafe&bar
こども服オンラインショップ経営
神山涼子

フルタイム正社員のシングルマザーが起業して、子供との時間を第一にしながらも成功できた秘訣

レンタルサロン5店舗経営&
美容起業家コンサルタント
皐月香里

学歴ない・資格ない・お金も時間もない超はみ出し者の何もない中からの逆転人生！

イベント企画・運営
トータルプロデュース業
エステサロン経営

藤澤麻子

離婚・子育て・田舎暮らし。言い訳をしている自分と決別したら、全ての経験が起業へとつながった。

フードサービス・ケータリング事業

松坂直子

普通の主婦でもできた！『私』＝『子育て』＋『仕事』＋『自分の時間』をつくるプロセス

サロンオーナー

松崎綾乃

19歳で借金５００万円を返済するために「うどん屋」起業で賭けに出た人生逆転劇

うどん屋オーナー＆
動画制作事業

丸山加代

ビジネス経験のない箏曲家が単価を375倍にしたヒミツ

箏回想士　渡部佳奈子

サロンと美容室を起業するまでの道のりは「困難」が始まり

グリーンピールサロン＆
美容室オーナー

安立由佳

グリーンピールサロンＡｒｉｎｇ・Ａｒｉｎｇ代表。21歳のときにエステサロンに勤務し、エステとメイクを担当。その後、百貨店の美容部員を6年間勤め、肌荒れに悩んでいたタイミングでグリーンピールに出会う。２００９年に「世の中のお肌で悩んでいる人を綺麗にする」という理念の元、グリーンピールに特化したエステサロンを神戸で開業。その後、お客様から髪の悩みを聞く機会が増え、ヘアサロンを開業。プライベートでは２人の子宝に恵まれ、子育てと経営を両立させながら２０２１年時点で開業12年目になる。

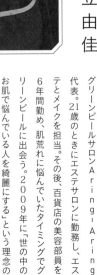

私は現在エステサロンと美容室を経営している2児の母です。それまでの私は美容を仕事にするなんて思ってもみませんでした。

20歳の時、何の知識もなく漠然とメイクの仕事がしたいと思い、21歳からエステ後のお客様にメイクをして帰って頂くようなエステサロンに勤め始めました。その後、百貨店の美容部員を6年間勤め、現在に至ります。

私のことを起業家と言っていいのか、もっとスマートにいけたんじゃないの？と思うくらい、私の起業の道のりは、いつも「困難」から始まっていました。

これは、私の未熟な思考や甘い考えが、そういう選択をしたのかもしれません。ですが、私がステップアップするために必要な、「困難というチャンス」がやって来ていたとしか思えないことばかりです。困難があるから、今は一歩踏み出すのがダメだと思われている方、そういう渦中にいる方、それは何かのメッセージなのかもと思って読んで欲しいです。

一番大切なことは、本当にしたいことなら何かあっても挑戦すること。物理的に無理なこと以外は必ず出来るはずです。もし諦められたなら、それはそこまでの気持ちでしかなかったのだと思います。

ターニングポイントは「困難」から

――肌荒れが起業のきっかけ!?――

私のビジネスの始まりは、世の中の肌で悩んでいる方を綺麗にしたい！　その一心でした。現在は、「グリーンピール」という技術を使用したエステサロンを経営しています。

21歳からずっと美容の仕事に携わってきたこともあり、お肌には自信があった私。しかし、仕事のストレスなどからか、重度のニキビや赤みなど、美容を携わっているとは思えない程、お肌が大荒れしてしまいました。この困難が私の起業を始めるターニングポイントになったと思います。

ターニングポイントが「肌荒れ」と聞くと、そういう時もあるよね、という感覚だと思います。ですが、当時百貨店で高級化粧品を販売しておりましたので、販売員のお肌が汚いと販売の仕事にならないのです。25歳という年頃に恋愛すらままならないお肌でした。

毎日お肌のことで泣きながら悩み、一刻も早く治したくて、神社などを巡ってお参りしたり、良いと聞けば次々と様々な美容を受けに行ったり、美容ローンも組んで、本当に相当なお金をお肌を治す為に使いました。今思うと完全に病んでいましたね。(何してるの?とこの時の私に言いたいくらいです。)

それでも一向に良くならず悩んでいるときに、今携わっているハーブを使用したエステ、グリーンピールに出会い、そこでお肌が見違えるように変わったのです。1回の施術代は当時10万円と高額でしたが、大変感動したことを今でも覚えています。

なぜこんないい物があまり知られていないのか?と疑問に思いました。私のように肌で悩んでいる方は沢山いるはずです。そんな方にもっとこの技術を広めたい!という思いが湧いてきて、グリーンピールを仕事にエステサロンをしていこう!と喫茶店で珈琲を飲んでいるときに突然そう思いました。

また、肌で病んでいるときに沖縄に一人旅をし、「あなたこれから独立するわよ!」と沖縄のユタ(占い師)に言われて、その気になっていたのかもしれません。笑

そこから私の意識が変わりました。毎日ただ何となくしていた仕事も、エステサロンを経営するという次のステップの為にと切り替えました。学べることは全て次の糧にしたいと考え、全然使えないパソコンの仕事もわざと引き受け勉強。お肌のこと、接客の仕方や数字のことなど、全てが次に繋がる勉強だと思い積極的に取り組むようにしました。それも私のように「お肌で悩んでいる方を一人でも救いたい!」気持ちだけでした。

仕事は何でも勉強になるので、嫌なことや人がやりたがらないことを積極的にしていくと、人からも認められるし、精神的にも道が開けると思います。こんな仕事したくないのになんて悩む前に、その仕事に就くと決めて嫌々通勤していることを選んでいるのは自分自身なのです。そこで認められないのに、起業して頑張るというのも違うと思いませんか？

私にとって、病むほど肌荒れに悩んだことは何か意味があるように感じていたのですが、それはエステサロンをするということに繋がっていたと確信しています。事実、このことがなければエステサロンは経営していなかったからです。

なんでこんな目にということが、人生では起こります。その時、苦しいという感情だけで終わらせず、そこには一つの答えが必ず隠れていると私は思います。どんな些細なことであっても、そういう思いには自分を変えるための情報が詰まっています。

実際、今しんどいこと、こんな仕事したくないのなと思って仕事をしている方、大変で不幸な状況にいるという方もおられるかもしれません。しかし、そういう状況を作っているのは全て自分自身なのです。どんな状態であっても変えることができますし、それが10年後であっても、長い道のりであっても、後に変えられたらいいと思いませんか？

ずっと今のままの自分の方が怖くないですか？

次の「困難」がやってきた！
―無一文の26歳―

グリーンピールの情報がほぼ無い中、仕事をしながら習得できるところを必死で探し続けていました。そしてたった一軒、この技術を習得できるサロンが見つかったのです。しかしながら、次の困難の始まりでもありました。それは「お金」でした。

そのサロンはグリーンピールだけではなく、エステのスクールを運営していました。それを全て受けてくれたら教えてもいいよ、という条件だったのです。必死だった私はなんとか資金を絞り出し、スクール代金150万を支払いました。商材を入れるともっとかかったと思います。

ところが、支払った後、グリーンピールはやくざが絡んでいる技術だから教えられない(嘘です)ということで・・・一言で言えば騙されました。笑

何があってもグリーンピールを習いたい！ なんて一途な気持ちや性格が滲み出ていたので、足元を見られてしまったのかもしれませんね。後からわかったのですが、グリーン

ピールのスクール制度自体、まだ発動していなかったそうです。

美容ローンもあり、今回のスクール代金のローンもあり、無一文(しかもマイナス)になった私は、会社を辞めるという選択が増々出来なくなりました。当時26歳でした。しっかり調べなかった自分の馬鹿さ加減に情けなくて、当時はどん底でした。

サロンをやるなということなのでしょうか。時間は無駄にしたくない、当時の給料を考えれば破産した方が早いのだろうか、という考えまで頭をよぎるくらいでした。もっと考えられたら良かったのでしょうね。胸を張って言えない恥ずかしいエピソードです。

しかし、諦めませんでした。だって絶対にエステサロンをしたいから。一人でも多くのお肌で悩んでいる人を救いたいから。その4か月後、他の先生を紹介して頂き、暫くは辞めずに給料を返済に充て、やっと望んでいた技術を習得することができました。

更に騙された一件については、裁判をすることにしました。私は間違っていないのだから、負い目を感じているより、けりを付けて前に進む方がいいというアドバイスを受けたからです。

裁判は無事勝訴。弁護士費用が膨れ、手元には全く何も残りませんでしたが、本当にいい経験になりました。お金の大切さを学び、これからは活きたお金の使い方を必ずすること。そして、これからお客様になる方に対しても、誠実なサロンとしてやっていこう、二度と同じことは繰り返さないと心に決めました。

心と肌と体と思考がお金に全て繫がっていると実感した経験でした。全てしっかりしていないとバランスが崩れてしまいます。とはいえ、こんな中独立する為に会社を辞めましたが、まだまだローンなども残っており、困難真っ只中です！

それでもやるの？「困難」はチャンスの前触れ

困難真っ只中の私が、会社を辞めてお店を出すなんてどうやって？ と自分に問いかけましたが答えは出ません。それでも今できることは何か？ と思い、とりあえず足で歩いて物件探しをしました。やりたいことはただ一つ、「世の中のたくさんの人のお肌を綺麗にする」ことです。

探し始めて一件目、ふと目に飛び込んできた物件があり、すぐ決めました。ここしかない！ でもどうやって？とりあえず物件を押さえるために、入居申込書まで早々に記入して、その後のことは後から考えようと思いました。（いつも何も考えてないですよね！）
お店を賃貸するのに１００万円の資金が必要なのに…勿論どこにも落ちてないですし、親にも頼めませんでした。これ以上借り入れをしたくない出来ない状況でした。暫く悩んでいましたが、期日が迫りもうお断りをしないといけない。今は諦めるべきだなと考えている時に、何の知識もない競馬に遊び半分で誘われ、なんと80万近くのお金が当たったのです。これは何とも言えない不思議な話ですが、その物件を賃貸できることになり、諦めかけたお店の準備に入ることができました。そして、２００９年28歳の時にエステサロンを開業しました。

嘘のような話ですが、本当にあったことです。そしてこの出来事がなければ今の私がいないので、心から感謝している出来事でもあります。感覚的な話でピンと来ないかもしれませんし、そんなことあるの！って思う話ですよね。そんなことがあり、今でも私のテーマにしていることは、「もし私がこれをやるべきでなかったら、トントンと進む方向にはならない」ということです。止めが入るという感覚。だからこれを読んでいる方、まず心の中で思っていることがあるなら、少しでも前に進んでみてください！無理なら、絶対進めない無理なことが出てくると思います。その時にやめてもいいのです。

または、それでもやりますか？ って試されているようなことも起こります。「困難」に見せかけたターニングポイントが必ずあります。困難に見えてもチャンスだと思ってください。困難に直面すると答えが出ます。こんな思いまでして進みたくないななんてことも思うかもしれません。それも一つの答えですよね。

でも、あなたが絶対にしたいと思っていることなら、まずは進めてみてください。その為には、絶対にこうしたい、こうなりたいと思うこと。そして少しでも行動することです。進めてみてからやめてもいいのです。やらないでいると、やりたかったのにという思いしかその後の人生には残りません。

実際にあなたがしたいと思っていることを既にやっている方がいるなら、たとえ規模が小さくてもいいのです。それはあなたにも始められることではないですか？ お金が無いから環境がなんてことより、それでもそれをやりたいか？ということが重要です。

正直、私のように壁に当たらなくても、堅実にお金を用意して、起業や成功されている方が多数おられるはずです。少なくとも私にはその器になる為に必要な困難だったと思っています。遠回りですが、心が砕けるような経験をし、その後の人生は多少なことでは動じなくなりました。

その後さらに開業費を借りたので、開業当時総額７００万円の返済の日々が始まりました。こんなに借金があったら結婚も出来ないなと思いながらも、かつての目標だった、「世の中のお肌で悩んでいる人を綺麗にする」という目標に辿り着くことができました。

大変でも私にとっては幸せな時間です。全て自分が蒔いた種なので、人に言っても辛い顔をしても借金は無くなりません。かつ、借金で大変な人と思われたくもないので、完済するまでは、一切人には言いませんでした。

借金があるふりさえしませんでしたが、必ず返すという強い自分だけで必死に生きていたと思います。当時は悲壮な時もありましたが、今となっては笑い話です笑。困った分、今でもお客様に心から感謝しかなく、売りつけることも一切しないエステサロンになりました。

開業から４年後、無理だと思っていた結婚をして、今は２人の女の子の母になることができました。そして借金は２０１５年に見事完済することができました。

次の挑戦
―できるかできないかは関係ない―

その後、次のターニングポイントです。年齢があがるにつれ、髪の悩みを聞く機会が多くなりました。次は肌だけでなく、髪も綺麗にすることに携わりたいと思い始めました。エステサロンは一生自分の手でやって行きたいのですが、次の挑戦をしたいと思うようになりました。

今までの経験から、挑戦することに怖いという感覚より、挑戦しないことの方が勿体ない、後悔したくないという思考になっていたので、次は１０００万円の借金をし、ヘアサロンを開業しました。以前の私は７００万の借金で苦しんでいたのに、それを超える借り入れをすることに自分でもびっくりしました。私にはエステの仕事があるので、ヘアサロンは人に任せることにしました。雇う人も決まっていないのに…です。

これも進むべき道なら必ずなんとかなります。何度も言いますが、そんなことより私が本当にしたいのか？　ということです。無理なら絶対に前に進めないのです。例え進んでストップしたとしても違う方向が見えるかもしれません。無駄になることなんて一つもないですよ！

お金を借りることは悪いことだと思っていた私の考えは変わり、原点である「沢山の人を綺麗にしたいから、お金を借りるのだ」という前向きな考えに変わりました。困難がなければ思えなかったことです。

お金を借りられるということは信用があるということです。ちゃんと返せる自分でいればいいのです。もちろん最初からこんな思いをせずに進む方もいると思いますが、困難に直面しなければ、「お金」について学べなかったのだと思います。一見遠回りですが、経験が無ければただ怖いという思いのみになります。

初めて起業することに躊躇することは「お金」では無いでしょうか？借金すら出来ない方も多いと思います。何かを始めるためには何か負を追うこともあると思いますが、それを怖がっていては前に進めません。借金が悪いことだと決めているのも自分自身です。そうではないマインドでお金を使えばいいのです。

ついに、２店舗目のヘアサロンを開業。そのとたん、諦めかけていた２人目ができ、１

人目同様、出産の前日までお腹が大きいまま働きました。そして出産1カ月前に、なんと3店舗目のヘアサロンを開業しました。これはたまたま居抜き物件があったからですが、今思えばいつもこんな風に突き進んでいます。テーマは「やってみる」です。無理なら無理なことが起きるので、直感を信じて安心して進めばいいのです。

2店舗目、3店舗目を開業し、1年目は黒字では無かったこともありますが、お客様が来て下さる限り働きたいと思っていたので、出産後も産休はとらず、赤ちゃんと仕事をさせて貰いました。私にとっては幸せな時間でした。不思議なことに施術している間は一回も起きることなく寝ていてくれました。（これはオススメしませんよ！産後はゆっくり休むべきだと思います。）

こんな時に妊娠！って思いますが、全てはベストなタイミングなのだと思っています。産後から働くなんてしんどすぎると思う方もおられますが、私にとってはネガティブな気持ちは無かったです。しんどい、大変と思えばそこまでですが、働かせて貰っていると思いましたし、昔の女性はこうして働いていたのだろうなと思いました。幸か不幸かはこれも全て考え方次第だと思います。

事業をする上で、私が家族を持った時に決めたことがあります。それは、主人や家族には事業のことは一切関係ないので、私が起業することで、家族が苦労するようなこと、悲しむことは絶対にしないということです。家族が特に金銭的に犠牲になるような起業の挑戦はオススメしません。

私の次のステップは人を雇い給料を支払うなど、経営者としての勉強だと思っています。3店舗目は1年半経営しましたが、次のスタッフが見つかりませんでした。タイミング良く人が見つからないということは進むべきでは無いと判断し、2020年2月に3店舗目を閉店しました。

これまで何が何でも進め進めの感じでしたが、初めてストップがかかったように思います。その後ちょうどコロナが感染拡大し、これで良かったのかなと思っています。

物理的に無理なこと以外は叶わない夢なんてない！

苦しかったですが、本当に人生はうまくできていると思います。目の前に起こる困難なこと、喜びも悲しみも、目の前に起きていること、見えている出来事は全て自分へのメッセージです。それはベストなタイミングで起こっていると思っています。漠然とお金がたくさん欲しいから、なんて思いで起業は出来ないということだけは確かです。

誰に何をしたいのか、そして少しでも人の役に立つことなのか？　喜んで貰えることなのか？ということがビジネスの要だと私は考えます。

その上でお金はついてくること、自分自身がお金を活かすし、お金も自分を活かしてくれるようになっているのだと独立してから思うようになりました。

勿論女性は結婚や出産で生活が変わりますし、ストップする期間が出てきます。子供が小さいから出来ないということもあるかもしれません。

仕事と子育ての両立をすると子供にさみしい思いをさせてしまうのかもしれません。人生には一人ひとりテーマがあり、「子供との時間を精一杯過ごす」と決めたなら過ごしてからでもいいのと思います。

何かを始めるのに遅すぎることも無いです。私はきっとこれからも働くお母さんはやめられないので、なるべくかっこいいお母さんでいるというテーマを持っています。

この生き方を真似した方がいいとは決して思いません。こんな母ですが子供達には背中を見て育って欲しいです。子供がさみしいと決めつけず、お母さんの楽しい顔を見せていることが一番いいのではないでしょうか？

また、起業することで、心をなくしてしまう程働くのも違うと思います。そういう時期が時にはあってもいいと思いますが、結局は時間を楽しむことを忘れてしまうような起業だったなら、それは人生に必要でしょうか？　よく考えてみてくださいね。自分が笑顔でいられることの上に、人に提供できる喜びがあるということを忘れてはいけません。

今は開業して12年目（2021年時点）ですが、「世の中のお肌で悩んでいる人を綺麗にする」ということを今も変わらずテーマにしています。

起業をして時間が経ち慣れてくると、心がぶれてしまうこともあるかもしれません。そんな時、いつも私はなぜエステサロンをしているのか？　と常に問いかけます。絶対に、初心忘れるべからずです。

起業することも、エステサロンを経営することも、規模が小さくからならきっと誰にでも出来ることだと思います。どんなに規模が小さくても自分にしかできないことはたくさんあります。

ただ単に「エステサロンを経営しています」と言うことは簡単ですが、たくさんの困難を得た私じゃないとできないエステサロンを今は経営しています。技術や想いも含め、こんな経験をした私じゃないと出来ない唯一のサロンだと思っています。そして、そんな自分に、そんなサロンに、お客様にして頂いたと思っています。

そんな私もまだまだ勉強中、挑戦中の日々です。これを読んでいる方には、どんな小さな一歩でもいいので是非踏み出して行って欲しいです。今している仕事でもいいのです。直接、起業に繋がらなくても小さな一歩でも踏み出せば、たとえしんどくても、必ずあの時の自分はこの日の為にあったのだと思える日が来ます。

叶わない夢や、出来ないことなんて無いんです。

全ては自分自身が決めていることなのだから。自分で変えていけるということを忘れないで、どんな苦労も楽しんでください！あなたのことを応援しています。

安立由佳さんへの
ご連絡はコチラ

PART 1

本当にしたいなら
何があっても挑戦すること。
物理的に無理なこと以外は
必ず出来るはず。

月一回の自分だけの時間を大好きだった調理に使ったことで、1年後には予約の取れない料理教室に！

料理研究家
新崎亜子

2000年オーストラリアで出会った沖縄出身の夫と沖縄に移住。2004年より料理教室HEARY PARTYを主宰しています。企業者様向け商品を使ったレシピ開発、紙面レシピ&コーディネート、タイアップレッスン、出張料理教室、商品開発など食に関するプロフェッショナルとして活動中。手に入りやすい食材を使って心からの温かい食卓を彩る、栄養たっぷり愛情たっぷりのお料理を食べてもらいたい、そんな思いから料理教室を始める。2004年にスタートした料理教室は子育て真最中という事もあり月1回だったものの、口コミで1年後には予約の取れない料理教室となる。

計画通りの人生設計とは

―初めての挫折―

努力をすれば人生計画通りに進んで行くものだと思っていた私にとって、長男の発達障害が分かった時は18年たった今でも忘れられない辛い体験です。

中学から大学まで一貫の、いわゆるエスカレータ式の学校へ通わせてもらい、海外生活にあこがれはあったものの、就職難に勝ちたい、企業で働いてみたいという思いから、３年間大手総合建設業に勤めました。厳しくも愛情いっぱいに育ててくれた父の口癖は「石の上にも3年、３年頑張れば一人前になれる」だったからでしょう。入社した時から、絶対に3年働いて社会経験を積み、海外に行くという明確な目的がありました。この頃の私の愛読書は「調理師免許問題集」と「地球の歩き方」で、このころから料理と海外生活は憧れだったのだと思います。この時は海外でお寿司を握りたいとも思っていました。今思えば、ちょっと変わった女子だったのかもしれません。

昔から計画好きだった私は、計画通りに30歳で子供を産み、長男を出産。2人目も欲しいと思ったらすぐに授かり、奇跡的にも順風満帆な日々を過ごしていました。…と思っていたのはこの時まででした。

長男の自閉傾向を持つ発達障害が分かったのは、彼が2歳の頃、次男がやっと3か月になった頃のこと。自閉症の意味すら分からなかった私にとって、診断されたその日から、出口の見えない真っ暗なトンネルに迷い込んだかのようでした。

半年間その中でもがき苦しみ、このまま息子と二人で人生を終わらせようかとすら思いました。愛情不足なのでは？と辛い言葉を言われたこともあります。健康で産まれてくることが当たり前だと思っていた私は、思いもよらない現実をなかなか受け入れる事ができませんでした。

調べれば調べるほど、身に覚えのある長男の行動や奇行。完治する事はなく、一生背負っていかなければならない「障害」という現実に直面した私は、今できる事から始めようと、母子通園施設に通い始めました。その頃の半年間は泣いて泣いて、泣きまくって過ごし、半年間の記憶はあまりありません。当たり前な事が奇跡なのだと身に染みて感じました。

半年たったある日、泣き事を言いたくて、聞いてほしくて埼玉の実家の母に電話をしました。でも私が泣き言をいう前に、母が泣くのです。1番泣きたいのは私なのに、「長男の事ばかり考えて眠れない」なんて…。そう言われた時に張りつめていた糸が切れ、「私何やっているんだろう」と我に返りました。私が長男の幸せを願っているのと同じ様に、母も私の幸せを願っている。親は、私が前に進まないで毎日泣いている事を知り、私と同じように悲しんでいたのですよね。

涙は涙の連鎖を生みます。幸せになってほしくてここまで育ててくれたのに、私は自分の事しか考えていなかったんだ、泣くのは終わりにして前に進もう…家族の為に、子供たちの為に、そしてここまで育ててくれた親の為に、自分の為に気持ちを切り替えようと決心しました。やりたいことが見つかると比較的立ち直りの早い私ですので、そう思ったら即行動に移しました。

悲しみの連鎖を断ち切った後の私

それまでは1日ずっと長男と一緒で、目が離せなく落ち着かない日々を送っていましたが、思い切って夫に息子を託し、月に1度だけ【数時間自分のだけの時間】を作ることから始めました。さて、貴重な時間、月に数時間の時間しかなかったら皆さんなら何をしますか？私は迷わず、料理の世界を楽しむ事に決めました。たった1か月のうちの数時間、ここからのスタートでした。

「貴重な時間に自分が一番やりたい事ってなんだろう?」うん、やっぱり料理以外考えられなかったです。調理の仕事が好きで、調理師免許を持っていた事はかなり強みでした。息子を預かってくれるところがなかったので、自宅で出来る仕事として、料理教室を細々と主宰することにしました。

子育中という事もあり、ＨＰなどは作らず、ブログや口コミで集客しました。大々的に宣伝することで、何かあった時に沢山の方にご迷惑をかけたくないという理由から、広告費は使わないと決めていました。マメにブログを更新するなど、できることからコツコツやっていった結果、徐々に生徒さんが集まるようになっていきました。

その後3人目を授かり、お教室開催数年後には、何かあった時に生徒さんにもご理解いただけるようにと、長男の事も公表するようになりました。その頃からメディアにも出させていただくようになり、料理を始めたきっかけをお話する事も増えたので、必然的に「料理を始めたきっかけ=長男の障害」としてご理解いただく機会が増えました。私のありのままをさらけ出す事によって生徒さんとの距離が縮まり、信頼関係も生まれたと思います。

息子の障害を受け入れることは並大抵のことではありませんでしたが、気づけば、レシピを考えている時や生徒さんとの時間だけが、解決しない未来のことを忘れられる時間になっていました。1年後にはレッスン回数も増え、毎回満席のレッスンをさせていただけるようになり、ありがたいことに順調に進めることができました。

教室を主宰してから最初の転機は、「キッコーマン50周年料理コンテスト」で光文社Martより準優勝をいただけた事です。副賞がNYとウィスコンシン州にあるキッコーマン工場の視察&紙面取材旅行でした。老舗料理雑誌数社から各2組が選ばれ、それぞれの受賞者が各雑誌の取材をしながら巡るアメリカ旅行です。

しかし3人目の息子がまだ1歳になる前で、3人の子を置いてはたして私はアメリカに行っていいのだろうか。かなり葛藤しましたが、頑張ったことを評価され取材旅行という未知の体験をのがしていまったら、きっと一生後悔すると思い、三男を埼玉の実家に預け、その足で成田に行きました。その結果、有名雑誌の方々ともお知り合いになることができ、またこれをきっかけにお仕事をいただけるようにもなりました。思い切って不可能に近い事を家族の協力のもと実現できた事で、お仕事の幅も大きく広げさせていただけるようになりました。

受賞者の数名は今では有名なフードスタイリングや料理研究家としてご活躍され、数々の書籍も出版されていらっしゃるスペシャリストになられています。自分で努力したことの証、そのご褒美をいただけたことで、ますます料理分野で頑張っていこうと気持ちが引き締まりました。もちろん協力してくれた夫や実家の母には感謝してもしきれないくらいです。

最初は誰でも初心者！ 努力次第で可能性は無限大

お教室を開催してから決めていたことは、年に1度は1つの資格を取得するという事です。レッスン中に質問に答えられない事やアドバイスできない事は致命的だからです。子供が保育園に行っている間や、寝かしつけ後の資格取得の勉強は大変でしたが、育児をしながらよく頑張ったと思います。長男の発達障害の特徴である偏食を少しでも克服してほしいという願いがきっかけでしたが、資格取得の勉強は意味があったと思います。今思えば、子供が保育園に行っている時間が1番時間を有意義に使える時期でした。家族の健康管理に気を付けていけばフリーな時間を有効活用できるので、その時間は資格取得に没頭しました。

しばらくしてからは、自分の専門分野を絞り込む事に集中し、その分野のプロフェッショナルになるための努力をするようになりました。資格を取っただけではプロフェッショナルにはなれません。その分野の勉強を続けて極める事で自分にも自信が付いてくるように思います。取得した資格を活かすために、取得してから数年はその分野を極める為の努力は惜しみませんでした。

子供たちが高学年になってくると受験や塾など、子供中心の生活が余儀なくされます。起業されたい方にアドバイスするのは、育児に追われて大変ではあるけれど、実は保育園に通っている時間が親も一番自由な時間だということ。その貴重な時間は無駄にせず、スキルアップに費やすことをお勧めしています。

その後、雑誌のレシピ、コーディネート、CM撮影などのお仕事の話をいただき、未経験の私に何ができるのかと自問自答しましたが、「だれでも最初は初心者、できると信じ全力で挑む！」と不安をチャレンジする力に変えていきました。

素晴らしい機会を与えてくれた事に感謝し、新しい分野にもチャレンジすることで、未体験のお仕事も自分なりに勉強しながらこなしていくことができました。もちろん、しっかりリサーチすることも必要です。1番は弟子入りして自らの知識を磨く事を希望していたのですが、見学すらも受け入れてくださらなかった時代だったので自力で頑張りました。

慣れてくると撮影隊とのチームワークも芽生え、9年同じメンバーで続けられてレシピ監修は今の私にとって財産になっています。

お仕事を受ける時に決めていたこと・努力したこと

①家庭の事情など理解していただきたい事は、クライアントさんにしっかりお伝えする事。特に2歳違いの息子たちが3人なので、1人が体調を壊すと次々をうつっていくわけです。子供の体調管理を徹底し、長男の障害を理解していただくことは正しかったと思います。

②先方が期待する以上のお仕事をこなす努力を惜しまない事。

③私にできるオンリーワンのメリットはなんだろうと日々考え、常に前進、新しい事にチャレンジし世界情勢に耳を傾け、今世界は何を求めているのかを常にリサーチすることを心がけました。

④子供たちが帰ってくるまでに帰宅ができるようなスケジュール管理も徹底していました。沖縄には共働きが多く、近くにご両親や身内の方が育児を手伝ってくれる傾向がありますが、我が家はそれには期待できなかったので、夫の協力がなければ不可能だった案件もあり助かっています。

そのため内地や離島からのオファーをお断りせざるを得なかった時は正直悔しい思いはありました。けれども、まだ母親を必要としている年齢の子供たちの為には仕方がない事だと割り切っていました。今必要なのは、子供たちへのケアだと割り切って育児も思いっきり楽しみました。

⑤空いた時間を有意義に、スキルアップを惜しまない事。3人目の出産1か月前に産休を取る事を余儀なくされましたが、この1か月をいかに有意義に使うかと考えて、ずっと習ってみたかったパンのお教室初級コースを臨月で猛特訓していただきました。じっとしていられないタイプなのでしょうね。

どうしても取得したい資格は、内地から講師の方を誘致して生徒様を集めて開催していただくなど、今思えばパワフルだったなと自分でも思います。

⑥テーブルを華やかにする生け花、フラワーアレンジメント、プリザーブドフラワーの勉強もしました。テーブルコーディネートはお料理と切っても切れないものです。セミナーに通い、雑誌や料理本をみてアングルなどの勉強もしました。

⑦出産後2か月で授乳しながら、おんぶ紐で子供をおんぶしながらレッスンを再開しました。保育園が決まってからは通常通り、彼らの健康に気を付けながらレッスンを完全再開しました。その頃から自宅でレッスンをされる方が増え始め、生徒さんが戻ってきてくださるか不安でしたが、心配するは及びませんでした。また予約の取れない料理教室に戻っていけたことは嬉しく思っています。

今思えばこんな自由の効かない私の為に、長年お仕事をいただけた事に心から感謝しかありません。5時に自宅に戻っていなくてはならない業務形態は譲れなかったので、お仕事に繋がらなかった案件もあります。これはご縁がなかったと思い、割り切りました。

⑧2017年に出版した「豆腐×Magic」ではレシピはもちろん、器、資材選びから構図、フードコーディネート、スタイリングまで思い通りにさせていただきました。これもずっと興味のある分野でした。トータルコーディネートができるスタリストさんがあ

まりいらっしゃらなかった事と、自分のスタイリングにかなりこだわりがあったので、すべて自分でこなす事に決めました。この経験もなかなかできる事ではありません。やちむん作家さんとの繋がりも持つことができ、86レシピを2日で撮影するという無謀ともいえるスケジュールでしたが、生徒さんにアシストしていただき無事に2日で撮影完了しました。信頼してくださった編集部、デザイナー、フォトグラファーの皆さんには心から感謝をしています。

起業したことの1番のメリットは前述のように、自分のスケジュールで動けることです。長男は体調が悪い事を伝える事が出来ないので、何かあった時に極力ご迷惑をかける事が少ない方がよいという事と、すべてをこなす事ができれば他の仕事にも必ずプラスになると思った事、できる事は何でもチャレンジしたいという気持ちが強かったのだと思います。数年前までは沖縄県内には料理教室は数件ほどしかありませんでしたが、今は女性が気軽に起業できる時代です。

そして大手料理教室の参入もあり、一時は生徒さんが若干減ってしまった傾向にありましたが、今まで以上に生徒さんが私の料理教室に通いたいと思っていただけるように日々楽しませていただいています。そして順調に展開させていただき感謝しています。

オンリーワンの料理教室を目指して

まずはおもてなし料理教室は意外に開催しているところが多いので、私にしかできないオンリーワンのレッスンは何かと、取得した資格を更に勉強し直し、新しいレッスンを開催しました。

例えば、「おから再活プロデューサー」の資格を活かして、おから味噌 workshop を行ったり、「食育豆腐インストラクター」の資格を活かし「豆腐マイスター認定料理講師」として、沢山のマイスター生を送り出すお手伝いもできました。沖縄県では唯一の資格取得ができるお教室です。それから環境問題に関心のある方や健康志向の方に見直されてきている、豆腐や SOY FOOD のクラスなど。おから味噌の workshop を開催した初めてのお教室でもあります。

また、内地から先生をお呼びし、勉強会を開催して取得した「東洋薬膳茶スペシャリスト」の資格を活かし、6回コースの薬膳料理クラスと薬膳茶 workshop、こちらも沖縄初のお教室です。３年かけて取得した「チーズプロフェッショナル」の資格を活かし、今では県内ではここでしか開催していないチーズセミナー。絵ごころ弁当優勝の経験を活かし、小さなお子様向けのちょっと可愛い弁当ｗｏｒｋｓｈｏｐなど、私にしかできないお教室を目指しました。

コロナ禍で気軽に外出できなくなってしまった今、グループレッスンや、ご家族で安心してレッスンを受けられるシステム、デモンストレーションで楽しんでいただき、ゆっくりとお食事を楽しんでいただけるシステムを取り入れられるキッチンの改装なども検討中です。

現在、沖縄の老舗豆腐屋さん、池田食品様の商品開発をお手伝いさせていただいていますが、工場で作りやすいレシピを考案するのは自宅で作りやすいレシピを作る事とは全く異なるので、今は大豆製品のお惣菜レシピつくりに奮闘中です。業務用のキッチンで業務用の機械での開発は未知でしたが、私なりに勉強し、商品開発に貢献できるように楽しんでいます。

コロナの緊急事態宣言中はレッスンを自粛した時期もありました。人数を通常の半分に限定し、換気やアルコール消毒などの徹底も行い、極力安心安全に通っていただけるように努めています。2か月レッスンができなかった時には、生産者さんの商品や作物をご紹介しながらお料理を作るというＹｏｕＴｕｂｅをスタートしました。

アナログな私が一から撮影し、編集し、よくできたなと今でも思いますが…。コロナ禍で皆さん思い通りに動けない、それでも毎日3食作らないといけないという状況を、少しは楽をしながら、そして楽しみながらご家族やご自身の為にお料理を楽しんでいただけるようにと始めました。今では自分が楽しんでＹｏｕＴｕｂｅをアップしています。

「料理家ＡＫＯの美ら海キッチン」よかったら覗いてみてくださいね。

これからの私・オンリーワンの商品開発

今後の展開としては、主人のオープンしたイタリアンレストランのレシピを考案した経験を活かし、カフェやホテルレストランのレシピ開発のお手伝い、沖縄県産の特産品、加工品のプロデュースに力を入れて行きたいです。

◆構想から3年。オンリーワンの「琉球薬膳華茶・菊花茶」

2020年6月に、3年かけて商品開発に成功した沖縄県産の食用菊を使った「琉球薬膳華茶・菊花茶」をリリースしました。国産の菊花茶が生産されていない事、私の住む沖縄市でしか栽培していない食用菊を使って、沖縄県産の特産品をどうしても作りたかったという気持ちが強く、構想から3年経過してしまいました。

しかしながら、農家さんとの信頼関係、加工してくださる就労サポート事業所の丁寧な加工、コーディネーターさんのご協力の元、期待以上の商品が出来上がりました。この開発では商品1つ世の中に出すことの大変さを身に染みましたがオンリーワン、日本初の沖縄県産菊花茶を開発することができたことは、今まで学んだ薬膳茶の資格を活かす事が出来たということにも繋がってきます。

沢山の方々のサポートがあり、商品が出来上がるという経験ができました。この経験をいかして、今後は第六次産業のサポートや開発のお手伝いが出来たらと思っています。就労サポート事業所との出会いでまた何か私がお手伝いる事が出来たら素敵だなとも考えています。

２００４年にスタートしたお教室も17年目になります。18歳になった手のかかる長男もまだまだサポートが必要で、さほど活動範囲は変わることはないと思います。

けれども、手を放して歩くことができないくらいの重度の障害をもつ息子が、大病せず育ってくれたこと、ケガもせず事故にも合わず毎日笑って過ごせている事は奇跡です。これからは、家族はもちろん、折り返し地点に来た私の時間も大切にし、日々情熱をもって過ごしていきたいと思っています。

◆幸せな時の過ごし方は人それぞれ違う

県外や海外で活躍する料理家さんを羨ましく思った日々もありましたが、自分で決めたルールの中で最善を尽くす事で今の私があるのだと思います。

日々チャレンジ、日々精進、日々感謝です。人にとって一番大切にしていきたい衣食住の「食」の分野に携われる機会をいただけた事を、日々ありがたく思います。最初は偏食のある長男の為でしたが、今では資格を活かして次世代に伝えられる人材になりたいと思っています。

長男の障害と向き合えたことで、沢山の人と出会い、未知のお仕事を体験させていただき、実りある人生を送る事が出来ています。長男が20歳になったら、私も悩みを抱えるご家族のサポートが何か出来るように、これからもリサーチしながら新しい事に日々チャレンジしていけたらと思っています。

常に笑顔で笑いの絶えないお教室を運営することを心がけ、生徒様お一人お一人が楽しんでいただけるように目配り気配りを怠らず、自分自身も笑顔でご指導させていただいています。

笑顔は笑顔の連鎖を生むのだと思っています。リフレッシュすることで新しい自分と向き合い、次のステップに踏み出せるお手伝いが出来る最高のお仕事に巡り合えたことに感謝です。

全てが奇跡で全てに感謝。

新崎亜子さんへの
ご連絡はコチラ

PART 2

自分だけの時間が1ヶ月に
数時間しかなかったら、
あなたは何をしますか？
私は迷わず、料理の世界を
楽しむ事だった。

やりたいことノートが夢への第一歩。豪華客船の専属鍼灸師として１５８カ国を回ってからの起業物語

ボディケアサロン＆トレーニングジム経営

一番ヶ瀬千恵

福岡出身。ReposerPlus、MemorystockＩＭＣTrainingGymを運営。柔道整復師、はり師・きゅう師の資格取得後、整骨院に勤めながらも海外で働く夢を捨てきれず退職。豪華客船の専属鍼灸師としてのキャリアをスタート。今までに訪れた国は１５８カ国。下船後は、東京でボディケアサロンをオープン。海外での顧客も多数あり、出張施術に飛び回る。顧客への施術の他にも企業への訪問整体や開業支援、コンサルを行いつつ各所で健康促進イベントを開催。ボディイケアサロンと提携のトレーニングジムをオープン後は施術とトレーナー業を兼任しつつ、ヤングケアラーの支援、終末期の方向けの思い出作りのお手伝いなど新規事業開拓中。

逆境に負けず、叶えた夢

私は両親ともに高齢の時の子供で、両親はよく祖父母に間違えられました。かつ、両親ともに障がいを持っていたので幼い時にはからかわれましたし、いじめに近いことも言われました。

大人になった今思い返すと、どうでもいいことで悩んでいたのですが、その時の私は両親を恥ずかしく思う気持ちと、そう思うことが申し訳ないという気持ちで複雑でした。それ以外にも家庭環境が複雑なことも相まって、とにかく周りの顔色を気にする子供でした。その癖は今でも治っておらず、人間関係には度々苦労しています。

勉強が好きだったので、学生時代は成績上位。勉強も習い事もスポーツも頑張りました。頑張れば頑張るほど結果が出ることが嬉しく、そのおかげで大抵のものはこなせるタイプでした。

しかし、癌で10年ほど闘病した父を亡くし、母が病気を患ったあたりから少し生活が変わってきました。母との生活のことを考え、大学進学は選択肢から消して、通信の短大に進学しながら働くことに決めました。高校生の時からアルバイトをして過ごしていましたが、フルタイムで働くと稼ぐ額も変わり、そのことが嬉しく、常に仕事を掛け持ちして働いていました。

短大の卒業の目処が立ち、専門学校の学費が貯まった時期に進学を決めました。柔道整復師、はり師・きゅう師の資格取得を目指してダブルスクールをしつつ、仕事は継続＋母の介護を行う日々でした。

専門学校を卒業後は上京して一旦就職しましたが、海外で働く夢を捨てきれず単身渡米。そして、豪華客船の専属鍼灸師として働きながら旅をしました。

帰国後すぐに開業し、今に至ります。ボディケアのサロンやトレーニングジムの運営、海外への長期帯同、出張施術も行なっています。また、アロマのコーディネーターとしても活動中です。その他にも専門学校の講師、技術指導なども行なっています。

母を施設に入れた日
―人生のターニングポイント①―

専門学校在学時に、母が介護施設に入所しました。正確にいうと、入所させました。その頃には母の認知症が随分進行していたのです。

当時、平日の4日間、9時半から17時までデイサービスを利用していました。その時間だけが唯一、母と離れている時間でした。私は早朝からアルバイトに行き、一旦帰宅して母をデイサービスに送り出す。その間に学校で勉強をして、学校が終わったら家事を済ませる。母の帰宅後は身の回りのお世話をして、母が寝付いたらまたアルバイトに繰り出し、深夜3時過ぎに家に帰り着く。そんな生活が続いており、毎日睡眠時間を3時間確保できればいい方でした。正直に言ってこの頃の記憶があまりありません。毎日どう過ごしていたのかも思い出せないのです。だいぶ後になり、専門学校の同級生から「あの時死にそうなくらい顔色悪かったよね」と言われました。そのくらい追い詰められていたのだと思います。

そんな頃、母に突如、深夜徘徊の症状が出始めました。近所のスーパーに買い物に出た時、深夜にアルバイトが終わって帰った時など、今まではなんとかなっていた時間に母は家を勝手に出ていました。

近所の公園や、うちの庭に出ていた程度でも冷や汗が出ましたが、症状がひどくなると、3度も警察のお世話になりました。20キロ先の深夜の県道で保護されたこともあります。いろんなところに頭を下げて回る日が続きました。

近所からは忌み嫌われ、嫌味ばかり言われました。母は頭がおかしいのに、娘は遊びまわっている、事件や火事でも起こされそうで怖くて仕方ない、あそこの家は前世で悪いことをしたからバチが当たっているなど、その他にも思い出したくもないような汚い言葉をぶつけられました。

学校とアルバイトの両立、母の介護、孤独感、将来への不安。心身ともに疲弊しており、私はとにかくいっぱいいっぱいで、そして周りが羨ましくて仕方がありませんでした。せめて父が生きていたら…この気持ちは分かち合えたのかなと、もう叶わないことも考えました。

なんであの子はあんなに楽しそうなのだろう、お小遣いもらってダラダラ過ごして。私はなんでこんな生活なのか、誰も助けてくれないのだろうか。極めつけは、その頃付き合っていた彼氏に私の生活は重いと振られました。本当に孤独でした。心身ともに余裕がなく、妬みばかり。

そんな時、私は母に手を上げてしまいました。その場面、母を叩いてしまった手の感触は10年以上経った今でも鮮明に覚えています。母はもう自分の意思を伝えることができません。母が悪いわけではない、病のせいなのに。母が一番辛いのに…とっても優しかった母に、私は取り返しのつかないことをしてしまったのです。

母と生きていくためには2人分の生活費、母の医療費、奨学金の返済など、働かなくてはいけません。けれど母のことで突然休んだり、早退するので仕事をクビになってしまいました。理由をいくら説明しても、「嘘つくならもっとうまく嘘をつけ」と言われました。職場に迷惑をかけているのは百も承知で、クビになるのは当たり前のことだとわかってはいても悔しかったです。

ある日、担当しているケアマネージャーさんに「もう潮時だ、このままじゃ共倒れになる、施設に入れることは悪いことではない」と言われました。仕方ないのだと自分に言い聞かせても、葛藤しました。それでもどうしようもない現実に、母を施設に入れることに決めました。

入所の日、母を車に乗せてドライブしました。久しぶりに一緒に外食をして、「美味しいね」と笑う母の前で涙をこらえるのに必死でした。そして、これから母が暮らす施設に着き、一緒に部屋へ向かいました。母が混乱しないように、しばらく一緒に過ごしました。母がどこまで理解しているのかはわかりませんし、知る術もありません。

その後、担当の介護士さんに、母の夕食中にお手洗いに行くと言って帰宅するように促され、その通りにひっそりと退出しました。虚無感と申し訳なさで涙が溢れました。しばらく駐車場に停めた車の中で独り泣きました。自分から親を捨ててしまったという罪悪感と、認知症を発症した時に母が何度も繰り返していた言葉を思い出して涙が止まりませんでした。

「あなたの人生なのだからお母さんのことは考えなくていい、施設でもどこでも入れていい、足枷だけにはなりたくない」と。

自分の自由と引き換えに親を犠牲にしてしまった、その分精一杯やり切らなくては父と母に申し訳が立たない、顔向けできない。そう決意したあの日が、今でも自分を奮い立たせる原動力の一部になっています。

豪華客船の鍼灸師へ
――人生のターニングポイント②――

なんとか国家試験を合格し、専門学校を卒業した後は東京で就職しました。整骨院に配属され、毎日の業務に当たる中、自分には合わないなと思いつつも時間に追われ、すり減りながら働いていました。人の体を触るのに、自分が疲弊しきっていました。

また、職場の雰囲気に無理やりあわせている自分にも嫌気がさしました。漠然とこのまま30代になっていくのだろうか、何か理由を見つけて諦めてはいないだろうかと悶々としている中、やりたいことをノートに書き出してみました。

すると、「海外に行きたい、私は高校時代から留学したい、そしてそのまま海外で働きたい」という夢が溢れてきました。今まではどうせ無理だろうと思って諦めていましたが、自分が勝手に無理と決めつけているのだとノートを見つめながら改めて思いました。

あの時やっておけばよかったと後悔だけはしたくないので、すぐにインターネットで「鍼灸・海外」と検索をかけたら、見慣れない「船上鍼灸師」というワードに惹かれました。

働きながら世界を旅できるという、私にとっては夢のような職業に心が躍り、すぐに英語を学び直しました。

その後面接に合格し、渡米するまでは半年でした。ちなみに、面接に受かるため、また鍼灸治療や業務で使うであろう文章に重点を置いて英語を学んでいたので、乗船当時は本当に苦労しました。けれど、初めて心からやりたいと思った仕事に就けたことで、仕事に対する姿勢や想いが変わり、それは今の仕事にも活きています。


豪華客船の鍼灸師は船のＳＰＡに属し、同じＳＰＡで働く仲間はドクター、マッサージセラピスト、美容師、ネイリスト、フィットネストレーナーなどがいます。しかし、一つの船に鍼灸師は一人なのです。完全歩合制の世界なので、よく言えばライバルがいないのですが、その反面、とんでもなく心細いです。最初は何をどう働けばいいかもわかりません。質問できる相手もいなくて途方にくれていました。かつ、ネイティブな同僚たちが発する英語についていけずに、私自身がフリーズしてしまい、チームの輪の中にも入れませんでした。

そんな状況で、私の英語力の低さと意思疎通ができなさすぎて、このままだと船を降ろされてしまうかもしれない事態にまで来てしまった時、今まで挨拶しかしたことのない同僚が声をかけてくれたのです。

「Are you ok?」

それだけの一言だったのですが、張り詰めていた緊張の糸がきれ、私は恥ずかしながら泣いてしまいました。するとチームのみんなが代わる代わるハグしに来てくれたのです。ゆっくりでいいから困っていることを話して欲しいと言う彼に、伝わらないデタラメな英語で話しました。すると、なんだそんなことで悩んでいたの？と笑われました。


それからというもの、彼は私を毎晩勤務終了後にクルー専用のバーに連れ出して、船での働き方、ルール、鍼灸師としてどう売り上げを作っていくかなど、いろんなことを教えてくれるようになりました。彼は美容師ですが、もう5回目の乗船だったのでなんでも知っていました。最初の2ヶ月は売り上げも散々でしたが、徐々にコツを掴んでゆっくりながら成績が上がり、生活を楽しめるようになりました。

ここでは自分が働いた分だけ返ってくるので、やりがいがあります。日本にいた時には診られない症例の患者さんにも出会います。もちろん数え切れないほど失敗をしましたし、悔しい思いもしました。予約が取れずに給料がない時期もありました。

自分でセミナーを開催して、集客しないとバケーション中のゲストが鍼灸治療を選んではくれないのです。

たとえうまくいかなくても、泥臭くやっていかなければ次の乗船契約でいい船に配属してもらえません。あまりに成績が悪く、クビになる人もいましたし、シビアな一面もある世界です。そんな船での生活を経験し、当たり前のことですが、「自分から動かなければ何も始まらない」という自己責任で働く覚悟が生まれたと思います。

雇用されている時には保証される権利もありますが、ここでは何も通用しません。しかし、自由は手に入ります。豪華客船の鍼灸師はＳＰＡに所属してチームとして働きますが、フリーランスのようなものです。私はこのような働き方が性に合っていると気づいたきっかけにもなりました。

158カ国回る中での人々との出会い

豪華客船の専属鍼灸師として働いた期間で、いろいろな国から乗船してくるゲストはもちろんのこと、一緒に働くクルーも含めてたくさんの濃い出会いがありました。国籍はバラバラなので、育ってきた環境も違えば宗教、考え方も違い、最初は戸惑うことばかりでした。でもとにかく面白い！　休みは上陸してみんなで遊びに行き、1日海の上の日は朝から晩までしっかり働きました。充実した毎日でした。

船でのチームは国籍がバラバラです。今まで耳にしたこともない国や、知っていたけれどおそらく船で働かなければ出会えない国の方もいました。そのような船での生活で学んだ印象的な言葉があります。

「自分の常識は誰かの非常識」

なぜ怒らせてしまったのかわからないこともあれば、普通の会話をしていて突然大爆笑されて混乱したこともあります。自分の尺度で考えてはいけない、ジャッジしてはいけないのだと気付きました。物やお金を盗られたこともあります。こんなこと許されていいのかとリタイアしたくなるほど酷い経験もしました。

しかしその反面、素晴らしい思いをさせてもらえたことも多々あります。前述した同僚の美容師の彼は、私の最初の給料が出るまでの1ヶ月全ての支払いを代わりにやってくれました。彼の方が給与の歩合が低いにもかかわらずです。

最初の給料が出た時にお金を返すと、彼は頑なに受け取りませんでした。自分も最初の乗船の時に同じことをやってもらったから、CHIEも次に誰かが困っていたらその子に同じことをしてあげて欲しいと、彼は言いました。

鍼灸師は他の同僚よりも歩合の割合や勤務時間などが優遇されている面があります。チームのみんなは私より長時間働かなければならないのに、睡眠時間を削ってでも、仕事終わりに英語のレッスンをつけてくれました。また、国に子供を残して出稼ぎに来ている同僚が私の初めてのターゲット達成時、お祝いにとご飯を奢ってくれました。彼女の国では月収に値する金額のランチでした。

見返りを求めない全力の善意に私はすっかり恐縮してしまい、遠慮すると、みんな全力の「?」という顔をしました。何かをもらえたら、ただありがとうとハグで十分なんだよと後で教えられました。

それからは私がその人に返せなくても、その分他の人に返すという思いで動いています。いただいた想いを胸に、心からの感謝をこめて。そうすると不思議と優しい空間や人間関係が出来上がっているのです。

船での出会いのおかげで小さいことでも大切にできるようになり、そして一生ものの友人が世界各地にできました。これは何物にも代え難い経験です。

一人一人の契約時期と帰国時期はバラバラなので、常に出会いと別れが繰り返されている船では、もうこの子とは一生会えないかもしれない、難しいかもしれないと思いながら別れます。

けれど意外に会えるもので、南アフリカ人の友人とハワイでたまたまタイミングがあって会えたり、フィリピン人の友人に今どこに停泊している？と聞かれて外を見たら、彼女が乗船している船が目の前に泊まっており、メキシコで再会できました。その他にも、たった一度治療したゲストと5年もメールで近況報告する関係が続いていたり、文通しているゲストもいます。

さらに、チケットを手配してくれて自国に招待してくれるゲストもいます。優しさの循環と人との繋がりを通して改めて、私は本当に恵まれていると感じます。

ネガティブからは何も生まれない。笑って過ごせる道を選ぼう！

今までの人生を改めて振り返ると、小さい頃からなんとなく「こんな風になるかも」と漠然と思っていたことが叶えられています。もちろん自己啓発本に習って実施したこともありますし、諸先輩方に頂いたアドバイスも手当たり次第に実践してきました。

しかし、何をやろうとも上手くいくかいかないかは、結局自分自身の心持ちなのです。確かに幼少期や専門学校在学時は辛い思いをしましたが、今は必要な時間だったのだと素直に思えます。

私は父と母のおかげで医療系の職に進みたいと思えました。父と母に偏見を持って接して来た人のおかげで、私は人を傷つける言葉を使わないように気をつけることができます。父と母の介護の時間で、今同じ悩みを抱えている人に寄り添うことができ、新たな活動の糧になっています。

私に手を差し伸べてくれた人のおかげで、どんなに些細なことにも感謝できるようになりました。そしてハングリー精神が養われて、諦めない気持ちが生まれました。船で働くことができたおかげで、158か国も訪れることができました。英語も多少は話せるようになりました。そのおかげで海外案件の仕事もいただけるようになりました。本当に「おかげさま」です。

帰国後すぐに開業し、小さなサロンから始まった弊社は、今はトレーニングジムの運営をはじめとして他業種展開しています。今後やりたいことをあげたらキリはないのですが、今関わってくれている方々、必要としてくれている方々に何かしらを還元したいという理念の基に一歩ずつ進んでいます。

私は会社を経営する傍、サロンでの施術、ジムでのトレーナー、またアロマアドバイザーとしてオフィスや介護施設、店舗などに香りを演出する活動をしています。専門学校やサロン、整骨院に技術指導にも行きますし、企業に訪問整体も行います。企業の福利厚生ボディケアの企画立ち上げ、トレーニングジムの立ち上げのお手伝いもしています。

誰かに教わったことといえばあまりありません。手探りで、自分で何度も試行錯誤を繰り返して作り上げてきました。

その分、毎日が目まぐるしく過ぎて行きますが、全部自分がやりたいことなのでやりがいがあるし、頑張れます。

今までの経験どれも無駄ではなかったし、無駄にしないようにしています。全てを糧にとにかくなんでもチャレンジしようと決めています。

心掛けていることはポジティブに、綺麗な言葉を遣い、感謝の気持ちを常に持つこと。悔しいことも、ムカつくことも、割り切れない嫌な思いをすることはあるけれど、極力思い出さないように、口にしないようにしています。なぜなら、ネガティブな感情からいいことは生まれないから。


人生は常に選択の連続です。だからなるべく楽しく、笑って過ごせる道を選ぶようにしています。そうしていたら不思議といい方向に向かっていくと思います。自分で習慣を作って自分で動いて、楽しく生きる。

上手くいかないときは大体このルーティーンから外れているときで、そんなときは少し立ち止まってリセットしています。自分のペースで自分にできることを一つずつ、そしてなにより、丁寧に生きることを大切にしています。

限界を決めているのはあなた自身

コンサル業も行なっているので相談をいただくときに、「自由で羨ましいです」「楽しそうでなんか不公平だなと感じます」「やりたいことはあるけど子供がいるから…、旦那が…妻が…」「一番ヶ瀬さんほど自由な時間が取れません」というお声をよくいただきます。

配偶者がいるから…という方には、「私も既婚者ですよ」と伝えるとほぼほぼ驚かれます。

「なぜ独身だと思いましたか?」と聞くと、船に乗って働いていたことや、海外に長期出張していたことを理由に挙げられます。

一番ヶ瀬さんほど自由な時間が取れないとおっしゃる方には、人間、時間だけはみんな平等に与えられているし、公平です。そこをどう使うかは自分次第だし、自分のリミットを勝手に決めるのは本当にもったいないことだと思うとお伝えしています。

人それぞれみんな育ってきた環境も違えば、今いる、置かれている環境も違います。

他人には見えない辛いことを抱えている方もいるはずで、その人にしかわからない苦しみや制限があるかもしれません。

だけどその理由だけで、やりたいことや夢をあきらめないでもらいたいです。無理だと決めつけてしまった時点で全てストップしてしまいますし、そしてそこから何も始まらないから。一度きりの人生で何かを理由に諦めるのは勿体ないと思います。

時間は公平ですが有限だから自分らしく歩める道を選んでほしい。私も難しいことはわからないけれど、やってみたいという気持ちだけで動いてきました。強い想いさえあれば、なんとかなるものだし、一生懸命誠実にやっていれば必ず手を差し伸べてくれる人は現れます。

まずは一歩を踏み出してみてください、その一歩があなたの夢を作っていくスタート地点です。

一番ヶ瀬千恵さんへの
ご連絡はコチラ

PART 3

時間だけはみんな平等に
与えられている。
時間をどう使うかは自分次第
だし、自分のリミットを勝手に
決めるのはもったいない。

ドン底から復活し、「好き×強み」を活かしたおしゃべりパソコンオタクの起業ＳＴＯＲＹ

人材育成事業

岡佐紀子

株式会社オフィスブルーム代表取締役。学生時代は人前で話すことが大好きでタレント事務所に所属し、ラジオパーソナリティーなどを務める。大学卒業後も就職せずに、タレント活動を続けるつもりだったが、両親からの強い勧めもあり、６００人中16人という高倍率でＩＴメーカーへ就職。ブラック部署に異動後、突発性難聴に。「一生耳が聴こえない」と診断されドン底を味わったが、最善を尽くし改善。その後、妊娠を機に退職したが、会社員時代にパソコン資格を多数取得していたことから個人的に仕事依頼が増え、会社を設立。人材派遣事業から人材育成事業へシフトし、３人の子どもを育てながら20年以上経営している。

「所詮女は何の役にも立たないんだよね」

思い返せば、私の起業は上司のこの言葉からはじまりました。当時はかなり落ち込み、泣き崩れましたが、思えばこの上司の言葉がなかったら、今の私の素敵な人生にはならなかったでしょう。

なんとなくＩＴメーカーに就職した私。当時は何も考えていませんでした。そんな私が起業して20年を超えました。今しんどい事があっても、「その出来事があったから素敵な未来になる」そんな経験がたくさんあります。だから辛いことがあっても、明るい未来に希望を持ち今を生きていきたい、そう思っています。

人生を変えた就職

そもそも私には企業に勤めるという概念がありませんでした。当時はバブルがはじける前。学校には就職科もなく、周りの友人は家事手伝いをする人がほとんどでした。

私は学生時代、タレント事務所に所属しており、小さなイベントを担当したり、ラジオパーソナリティーをしたりしていました。人前で話す事が大好きで、小学生の時からずっと放送部一筋。卒業しても、そのまま事務所に所属して活動を続けるつもりでおりました。

そんな所に両親からの「ちゃんとした企業につとめろ」という話。かといってどこか紹介してくれるわけでもなく、学校にも就職課はありませんでした。

どうしようと思い、就職雑誌をパラパラとめくり、目に留まったのが某ＩＴメーカーのショウルームです。ショウルームならしゃべる機会があるかもと思い、何も調べないまま、とても軽い気持ちで説明会に出掛けたのです。

出掛けるとびっくり。説明会に集まってきた人は皆、紺色の上下揃いのスーツに白いシャツという同じような服装。ただ説明を聞くだけと思っていた世間知らずの私は、紺色のワンピースにショッキングピンクのマニキュアをつけて、ルンルンと出掛けていたのです。そんな服装だったのは多分、私くらいでしょう。ま、この格好で来てしまったのはしょうがないとあきらめ、説明会を受ける事にしました。

そこで新たな衝撃がありました。そこから筆記テスト、さらに面接へと進むという事実です。

そんなの知らない！　聞いてない！　と思い、横にいた人に「そんなの聞いていないよね！」と言うと、「ばかなんじゃないか」という冷たい視線が返ってきました。どうやら常識レベルの情報のようでした。知らなかったのは私くらい。でも、もう来てしまったのはしょうがない、そう思い面接に挑みました。

ふと見ると困ったのが私の服装。当時「ソバージュ」という、ロングヘアに根本からウェーブがかかったヘアスタイルが流行っていました。結構ワイルドなイメージです。私はソバージュヘアに紺色ワンピ、そしてショッキングピンクのマニキュアにとても長い爪をしていました。さすがにこの格好はまずいんじゃないかと思い、たまたま落ちていた輪ゴムを見つけ、髪の毛を束ね、長いネイルは剥いて引き裂き短くしました。

ネイルをはがそうと思いましたが、除光液なんて持っているはずがありません。爪を使ってえっちらおっちらとネイルを削り、はがしました。これがなかなか大変。途中、全部の指をはがすのは無理だとあきらめ、手を組み隠せる所はおいておき、見える部分の指だけネイルをはがすことにしました。

迫ってくる面接時間。みんなはちゃんと準備をしていますが、私は全く準備をしていません。かつこの格好。あーもう終わりだなと思うと同時に、自分の考えを思い返しました。

私、就職したかったんだっけ？

別に就職したくないよな。

そっか、ここ落ちたらどこも雇ってくれなかったという話にして事務所に戻ればいい。

面接？　あ、これってオーディションと同じじゃん。それなら私、慣れてるわ！

そう考えると緊張がほどけてきました。落ちてもいいやと思いリラックスして面接を受け、結果として６００人中16人という高倍率でＩＴメーカーへの就職が決まりました。

辞めたくて仕方なかった新入社員から仕事大好き社員へ

問題は入社してからでした。周りの同期は皆、会社に入りたくて入った人。そのため、タイピングがすでにできており、すでに色々なスキルや知識を持っていました。一方の私は何の興味もなくふらっと入社した人。明らかにスキルの差があったのです。

会社に行き、研修を受ける度に嫌になったり落ち込んだりしました。みんなはやる気ある人、私はやる気ない人。新人研修の講師に毎回のように反抗し、怒られるという事を繰り返していました。

新人研修が終わるといよいよ配属です。私は個性的な仲間と共に、通信を取り扱う部門に配属になりました。仕事は楽しく、学校の続きのように感じていました。でも学校ではありません。仕事です。当然、難しい横文字の事や細かい全く興味のない事を覚えないといけません。私は、先輩が必死に色々な事を教えてくださっているのに、毎回居眠りして怒られるという自称不良新入社員です。同期と比べ、出来ない自分に腹が立ち、諦めていました。

早く辞めたい。でもきっかけがほしい。理由がないとなんだかやめづらい。タレント活動をしているより、今の方が給料きちんともらえるし待遇はいい。事務所にもどるか会社にとどまるか。そんなことを毎日考えながら過ごしていました。

そんなある日、会社のある人が気になりました。気になったというか、その人を見るだけでなんだかムカムカしました。理由はその人が楽しそうに仕事をしていたから。会社に来ると元気よく「おはよー!」という。そしていつもニコニコして仕事をしている。

自分は全然楽しくない。そんなことを比較し、その人を見るとなんだかイライラしている自分に気づいたのです。そしてある日、思い切って聞いてみる事にしました。

「なぁなぁ、あんた何でそんなに毎日たのしそうなん？」

そう聞くと笑顔で一言、「すきだから」という言葉が返ってきました。

その言葉が私の中に雷が落ちたようにビリビリと走ったのです。「そうか、好きになれば仕事は楽しくなるんだ！」改めてそう思い、自分が好きな事はなんなのだろうかと考えはじめました。

私が好きなことは「人前で話すこと」です。まずは人前で話す機会がないかと改めて考えました。当時、バブルがはじけていましたが、まだ若干イベントは残っていました。

会社で行うイベントについて「私にさせてほしい」とお願いしたり、社内外で行われている電話応対コンクールに出たり、説明の動画を撮ると聞くと、それを私にさせてくれと上司に直談判しにいきました。運よく仕事をさせてもらえることもありましたが、そんなに回数はありませんでした。

それから私は部署を異動し、ソフトウェアの図書館という所に配属になりました。何百というソフトウェアが並んでいる場所に配属され、覚える事の多さに圧倒されました。先輩たちはお客様が来ると、ソフトウェアについての質問にスマートに答えています。

そんな様子を見るとますます「私はここには合わない、早く辞めたい、でも辞める機会がない…」そんなことを思っていました。

仕事中、先輩が年賀状ソフトを使って社内の掲示物を作っていることに気が付きました。絵を描くことも好きな私は「それ何をしているんですか？」と聞いてみました。先輩は丁寧に教えてくれて、「やってみたら？」と声をかけてくれました。

やってみるとこれが面白い。どんどん掲示物作成にはまっていきました。すると今度は先輩が「さきちゃん、写真加工のソフトもあるで、こうやって合成写真がつくれるねんで」そう教えてくれました。それが終わると動画編集ソフト。そこで私はどんどんパソコンの面白さに惹かれていくのです。

その経験から自ら志願し、システム作成の部署に異動願いを出しました。仕事ではシステムを作成し、家では趣味として自分でパソコンを作るようにもなり、動画編集に没頭しました。読む雑誌はパソコン雑誌、そして、パソコン関係の資格を取りまくりました。ほとんどパソコンオタク状態。社内では「立派なおたく」というニックネームがついていました。毎日楽しくて、わくわくして仕方がありませんでした。まさに「好きだと仕事は楽しくなる」という事を実感した頃です。

ＳＯＳ！　思いもよらない不治の病宣言

私は色々な部署に異動をしました。その一つが苦情処理を行う部署です。本来は苦情処理を受け付ける場所ではなかったのですが、毎日のように様々な苦情電話があり、会社にパソコンを風呂敷に包んで持ってくる人さえいました。そんな対応を毎日続けていたら、私の耳はストレスで聞こえなくなりました。

当時はとても忙しく、毎日遅くまで残業していました。忙しいから病院に行く暇もない。だから私は、いつか治るだろうと聞こえにくい耳を放置していました。

それから片耳は詰まったようになり、そのうちふらふらとめまいがするようになりました。さらに騒音の耳鳴りが始まりました。

ある時は耳の中で工事をしているような、ある時はセミの大群が耳の中にいるような、ある時は超音波のような高音が鳴り響きました。

一向によくならない耳鳴りとめまいに、これはおかしいと思い病院にいきました。すると病院の先生から「もう手遅れやで。あんたの耳は一生きこえへんわ。なんでもっと早よこおへんかったん。これ早よきたら治ったのに。」と言われました。

私の耳は聞こえづらくなって約1か月。病名は突発性難聴でした。青天の霹靂とはこのこと。薬を飲めばすぐに治ると思っていたのに。一生耳が聞こえないと言われ、頭の上に大きな岩が落ちてきたような感覚でした。なんとかしてください、何か方法はありませんかと先生に聞くものの、「ここまで来たらもうあかんで」と言われる始末。もう人生終わった、と思いました。

しかし、私があまりにもしつこいので、先生が「まーあかんと思うけど…」と言いながら、毎日大量のステロイドを点滴することを提案してくれました。それから1カ月半ほど私は休職し、点滴生活を送るのです。

大量の黄色い液体。点滴が終わるのに1時間以上かかりました。点滴を朝一番にしてから家に帰る。そんな生活をおくっていました。そして、奇跡的に私の耳はだんだん聞こえるようになり、ついに職場復帰を果たしました。

最悪の上司がくれた最高のプレゼント

前の部署はストレス過多だったため、苦情処理ではない元の部署に戻り仕事をしていました。機嫌よく仕事をする私に、上司から「前の部署に戻ってくれないか」という打診がありました。前の部署はいわくつきの苦情処理の場所。そこに配属になった人は精神的、肉体的にどこか不調になると言われていた部署です。私の先輩は会社に来ると、毎日蕁麻疹がでていましたし、先輩の何人かは精神科にかかっていました。そして私は突発性難聴になったのです。

「なぜ私に言うのですか、他の人もいるじゃないですか?」というと、「あなたが一番家から近いから」と言われました。家が近い?そんなこと納得いかないと思っていると、さらに上司が言いました。

「君、結婚したでしょう。これから子どもが生まれるかもしれない。今の部署だったら子どもが生まれると暗黙の了解で辞めなきゃいけない。でももし、あの部署に行ってくれるのだったらずっと働いてもいいよ。」

上司にそう言われて私は、「じゃあいきます」と返事をしました。私は仕事が楽しくて仕方ありませんでした。毎日会社辞めたいと思っていた不良新入社員の私は、ずっと働きつづけたいという熱血社員に変わっていたのです。


そして部署異動すると、それまで妊娠しなかった私が、異動2か月後に妊娠したのです。結婚してすぐに赤ちゃんを授かるものだと思っていましたが、実際はそうではありませんでした。思うように妊娠せず悩んでいましたが、異動したとたんに妊娠。私の頭の中は、脳内お花畑状態でした。

妊娠がわかった途端、上司に報告にいこうと思いました。なんてったって、それを想定した異動です。きっと「おめでとう」と言われ、皆の祝福の言葉が飛び交う…そんなことを考えながらウキウキして報告に行きました。

しかし、現実は違いました。上司に満面の笑みで報告すると、上司はそれとは反対の渋い顔。そして「こんなに早よ来ると思わんかった」と一言。すぐにやめると思われていると思った私は「大丈夫です！ 仕事は続けますから」と言いました。

その後、上司が言った言葉は衝撃的でした。

「女はな、妊婦なると腹つきだしてガニマタであるくやろ？　あの格好が見苦しいねん。会社にな、そんな妊婦増えたらこまるやろ。前例つくるな、歴史をけがすな。」

そう言われ、私は頭の中が真っ白になりました。お祝いの言葉をかけてくれると思った。みんなから祝福してもらえると思った。でも実際は違いました。会社に行き、仕事をしようと書類を手に取ると「これ、せんでええから」とパッと書類をとられました。違う事をしようとするとそれも取られ「これ誰かやってー」と言われる始末。

「いったい私は何をしたらいいんですか？」と聞くと、「岡さん、あんたはそこにずっと座ってたらええ」と言われました。何かしていたい、動いていたいと思っていた私にじっとしろという言葉。死刑宣告に近い言葉だと思いました。家に帰りパートナーに話をして、しばらくおいおい泣いていたように思います。

そしてふと思ったのです。「まてよ。これもしかしたらめっちゃラッキーなんちゃう？なんもせんでも給料もらえる！めっちゃラッキーやん！」

私は何もするなと言われた時間に好きなパソコンの資格について調べ、資格の勉強をし始めました。大きなお腹を抱え、家族に内緒で資格試験を受けに行きました。妊娠報告から退職するまでの間にいくつかパソコン関係の資格をとったのです。これが後々の未来に繋がりました。

今ないならつくればいい！

会社を辞める最後の日。私は朝礼であいさつをしました。
「この会社で色々な事を経験しました。この会社で経験したことを活かし、出産してからも社会に役立つ活動をしていきたいです。」
そんなことを言ったように覚えています。挨拶を終え、自分の場所に戻る時、上司が私に小声で言いました。
「所詮、女って何してもできひんねんで」
私はその日でやめる、そんな日までわざわざ嫌味な言葉を言わなくてもいいのに、と思ったと同時に、
私ってここ辞めたらだれか雇ってくれるかな
きっと赤ちゃん産んですぐの人ってどこも雇ってくれないよな
赤ちゃん産んですぐに働ける場所って今の日本にはどこにもないよな

だったら私つくったらええやん！

そうか、ないなら作れればいいよな。漠然と思いながらも、この時はまだ起業するとは考えてもいませんでした。

その後、私は長男を無事に出産。手がかからない赤ちゃんでした。同時に、赤ちゃんと二人の生活は、社会から切り離された感じがしました。私は社会とのつながりが何もない。社会から見放されたと感じるようになりました。

目の前にいるのは、かわいいかもしれませんが話すことが出来ない赤ちゃんです。私はもっとコミュニケーションが取りたいのに、目の前にいる赤ちゃんは話をしないし、反応もしない。そう思うとだんだん寂しくなりました。

そんな中、私に1通のメールが来ました。当時たくさんのパソコンの資格を持っていた為、その資格保持者に対して、仕事の依頼の内容でした。産後間もない私でしたが、そのメールに即返信し、面接を受けに行くことにしたのです。

面接会場には見覚えのある顔がありました。面接官は、私がＩＴメーカーショウルームに勤めていた時によく来ていた某メーカーの営業の方でした。仕事の内容はソフトウェア新商品のイベント運営。イベント会場でマイクを持ち、操作をしながら機能説明をするという仕事内容でした。私の胸は高鳴りました。まさに私の得意とする分野です。

話す事が得意な人はＩＴが苦手な人が多いです。ＩＴが得意な人には話すことが苦手な人が多いです。

私の強みはしゃべれるパソコンオタク。その仕事は私の天職です。ぜひ私にさせてくださいとお願いし、仕事を受ける事になりました。

最初は何人か資格をもっている人が仕事をしていたように思います。しかし、しゃべれるスキルとシステム作成まで行っていたパソコンのスキルから評判が高まり、私に仕事が集中しました。

私がイベントをする姿を見て、他のメーカーからも声がかかりました。企業の人が他企業に「この人を使ったら説明がほとんどいらないから楽だよ」と、どんどん紹介してくれました。仕事はだんだんと増えていきました。ついに私だけでは対応できなくなりました。もっとあなたみたいな人はいないのかなという声に、元先輩や後輩に声をかけ、それでも人数が足らなかったので、近所の奥さんたちに声を掛けました。周りの奥さんたちも私と同じように、子どもと二人だけの生活に寂しさを感じていたのです。

主婦の皆さんにパソコンの教育をし、話をする教育をし、そして前にでて説明をしてもらう仕事をどんどんしてもらいました。当時では高めの時給に周りのママ友たちは喜んで働いてくれました。

10日できる株式会社

そのうち私が行っている業務に派遣事業の免許が必要だという事になりました。当時800万円必要だった派遣事業の免許(今はもっと必要です)。これを機会に個人事業から株式会社に変更することにしました。

なにもわからない起業。周りに聞いてもわからない、起業セミナーなんかもない時代です。とりあえず、10日で出来る株式会社という本を購入しました。司法書士さんにお願いすればよかったのだと思いますが、なかなかないチャンス、せっかくなら全部自分でやってみようと、本に書いていた通りに動いてみました。

一番大変だったのは銀行の口座開設です。コネなしで株式会社の口座を作ろうとすると、メガバンク大手銀行の若手担当者のお兄さんに馬鹿にされたように追い返されました。やっぱり女は馬鹿にされる。そう思い、悔しさと共にとても嫌な気分になりました。

しかし、そのことを銀行本店に伝えたことから上役の方と話が弾み、大手メガバンクの本店にて、20代で株式会社の口座を作る事ができました。

何もわからない私。1000万円を持っていてひったくりに会ってしまったらどうしようと思い、当時長男を乗せていただっこ紐の下にある、ウェストポーチに100万円の札束を10束入れ、銀行窓口で長男片手に「会社つくりたいんですけどー、お金はあります」と言い、札束をカウンターに出しました。

若くして女性で、なおかつ子どもがいて株式会社を作るという事例は当時あまりなかったのかもしれません。色々な所で助けてもらい、最初の株式会社が出来ました。


今はそれから人材育成にシフトし、もう一つ株式会社を立ち上げました。あれから20年を超えました。細く長い時間が過ぎました。

子どもは3人。それぞれとても個性的な子供たちです。皆意見を持ち、自分で考え、自分で発信し、意見し、行動しています。子ども達は親の言うことは聞きませんが、常に見ています。それぞれが自立して行動できているのは、「お母さんは頼りにならない」と思っていると同時に、「自分で何とかしたい」と思ってくれているからだと感じています。


私が大切にしていることは「思った事はやってみよう」という事です。私の起業は上司の「所詮女って何にもできないんだ」という言葉がきっかけでした。

あの言葉があったからこそ、今の私がいます。

辛い事、苦しい事、大変な事、たくさんありました。でも言えることは、色々な出来事はそこから先に全て繋がっているという事です。人生はオセロと同じだと思っています。

途中は負けたと思っても、最後の一手によって結果が大きく変わります。今、しんどい辛いと思う時も最後の一手はないのか、どうすればいいのか、そんなことを考え続ける私でありたい。


「できないではない、どうすればできるか考える」

これが私の座右の銘です。もう無理と思ったとき。どうすればできるのか、どこまでならできるのかを考えて見てください。きっと今まで見えなかった道が見えてきます。

岡佐紀子さんへの
ご連絡はコチラ

PART 4

人生はオセロと同じ。
途中は負けたと思っても、
最後の一手によって
結果は大きく変わる。

世の女性に知られていない自由気ままに人生を歩める不動産鑑定士とは!?

小川樹恵子
不動産鑑定士

未来不動産コンサルタント株式会社代表取締役。2007年から2014年の間に、株式会社総合不動産研究所、株式会社住友不動産、株式会社日本エステートリサーチ勤務を経て2014年不動産鑑定士登録と同時に個人事業主として未来不動産コンサルタントを開業し2015年に未来不動産コンサルタント株式会社として法人とした。現在は、公的評価や民間の不動産鑑定依頼のほか、宅地建物の売買などは勿論、宅地建物取引士試験合格後の登録実務講習や武蔵野大学において不動産鑑定士による寄付講座なども担当することで不動産実務の楽しさを伝えている。また、東京都不動産鑑定士協会において今年6月に理事にも就任。

4年におよぶ戦い！　国家試験合格までの道のり

なぜ、私が選んだ道が不動産鑑定士だったのか？

不動産鑑定士……笑ってしまうかもしれませんが、私の親戚やまわりの友人どこを探しても、不動産鑑定士はいないどころか不動産鑑定という職業さえ知りませんでした。

ただ、大学当時に付き合っていた彼が司法試験の勉強をしていたので、「遊んでないで、これでも勉強したら？」と勧められた資格が不動産鑑定士であり、それから私の不動産鑑定士試験勉強の人生が始まったのです。

私は不動産鑑定士試験「合格」を手にするまで4年かかりました。最初の2年間はダメきっと受からない！と思っていて、「受かりたい！」という自分と全く向き合っていませんでした。結局のところ、死ぬ気で勉強したのは最後の2年間だけです。

3年目の試験は必ず「合格」する意気込みで、電車内ではぶつぶつ不動産鑑定評価理論などの暗記をしたり、化粧する暇があったら一つの定義でも暗記すると決め、時には気晴らしもしましたが、基本勉強漬けの毎日を過ごしていました。

しかし、結果は不合格（A判定）。試験に落ちたことの悔しさや未練はありましたが、勉強をやめる決心をしました。そして、違う道（業種）探しを始めました。ところが、当時の合格者の多くが4回目で合格しているその現状を知る母から、「私（母）が後悔しないためにも、もう1回だけ受けて欲しい！」と頼まれたことがきっかけになり、もう一度勉強を始めました。

その時に、知人に勧められたキャリアシートの完成が試験合格への鍵となりました。本試験は5月と8月の2回行われ、5月の1次試験を突破しなくては2次試験には進めません。現在3月、すぐに願書を提出し、キャリアシートの「やるべきこと・できること・やってみたいこと」を勉強編にアレンジ。8月試験で3月から勉強を再開し、必ず合格できる計画を逆算（試験まで何日で何時間あるのか）し、計画を立てることで見事合格を果たしました。（今でもその時のことを思いだすと興奮してしまう私がいます！ 笑）

そして、勉強方法も「木を見て森を見ず！ を捨て、何事も全体を眺めるべき」との知人からの助言が私の根本的な考え方を変え、合格へと導いてくれました。（後（合格した翌年）

に、この勉強方法で私が講師として講義をし、当時の受験生なら知る人ぞ知る名講義となった。)

少しここで場所をお借りして、不動産鑑定士試験合格は、その知人をはじめ家族、そして予備校の先生や受験生時代に心の支えになって励ましてくれた皆様のお力のお陰で、安心して勉強人生に没頭できたと感謝しています。

まさに猪突猛進！　目標達成まで諦めない力

「そもそも頭が良かったからではないの？」という声に答えて！　笑

私のこれまでの歩みですが、決して勉強の好きな子ではありませんでした。１９８３年６月生まれ（現在38歳）、東京都文京区目白台の先祖代々続く老舗の花屋（創業１００年以上）の３人兄弟の末っ子として育ち、幼い頃より花屋の看板娘としてお店のお手伝いをするのが大好きでした。いつも調子がよくて、元気で活発的な性格。

また、人前に立つのが大好きで、目立ちたがりの私は中学生の頃、ピアノもろくに弾けなのにピアノ伴奏をしたいと思い、1日8時間程度ピアノを弾いて練習し頑張っていたのは今では懐かしい思い出です。

少しやんちゃな兄の影響もあり、高校は自ら定時制高校を選び大検を取得し、通信教育にて中央大学を卒業しました。その背景には、高校3年に進級ができず、高校退学し静岡の祖父母のもとへ行き、元教師の祖父と勉強を頑張りましたが、受ける大学10校（10学部）程度不合格！（まぁ英語力0だったから…仕方ない結果だったけど…今思えば！）

とりあえず、私の性格は、目標を定めたらまわりの物事が何も見えなくなる程、突き進むタイプで、いのしし年産まれに由来し、いのとし子なーんて呼ばれることもしばしばありました。試験においてもとりあえず合格するまで頑張る！初めての国家資格ＦＰ２級も3回目で合格、宅建も3回目！両試験とも何故か、1回目は悔しくも1点落ち、２回目集中力切れて…笑３回目は、満点近くの点数で合格しています。

勉強方法が分からない私は、無我夢中に勉強し、まずは日本語を始め、問題文も何を書いてあるのかも意味不明な所からスタートしました。ですが、1つだけ実践したことは、「先生の言うことは、素直に聞く！」先生のアドバイスをいつでも素直に受け入れ、勉強を実践していたことが、不動産鑑定士試験合格へと導いたのではないかと思います。

不動産鑑定士の仕事とは？

「民間でありながら半公務員的な存在」と私は位置づけています。その理由として、国を含めた市区町村などからの依頼も多いことが挙げられます。具体的には、公的評価(地価公示・地価調査・相続税路線価・固定資産税標準宅地評価)のほか、道路拡幅予定に伴い、道路価格査定の依頼や競売評価や裁判所からの係争案件評価等、様々なところからの鑑定評価があります。

また、民間の依頼は、上場メーカーや事業会社を始めゼネコン、金融機関、AM、デベロッパー、個人等があり、依頼内容も価格評価、賃料評価、アドバイザリー、調査研究(分析)等と多岐にわたります。特に私は個人で開業しているので、主に、公的評価依頼のほか、他の士業(弁護士や税理士、司法書士、土地家屋調査士等)との連携のもと、弁護士の先生からは係争案件(相続など)、税理士の先生からは時価評価(個人から法人への売買など)や時には不動産の有効活用に伴うコンサルティング業務などを個人や企業から受注しています。

不動産は、人間が利用してはじめて価値が生まれるものであるならば、不動産鑑定士は単に不動産価格を判断するだけでなく、限りある不動産と人間とをより結びつけるプロフェッショナルともいえる素晴らしい存在だと私は思っています。

依頼者から鑑定評価書作成を受注した場合のお仕事の流れ

①鑑定評価依頼を受ける
②依頼目的、評価条件等の確認
③対象不動産の確定、確認
④資料収集、価格形成要因の分析、マーケット分析、個別的要因の分析等
⑤鑑定評価方式の適用した後試算価格の調整
⑥不動産鑑定評価額の決定
⑦鑑定評価書の発行

上記、①の鑑定評価依頼を受けた後の②~⑦までを少し具体的に以下説明することにする。②の依頼目的であるが、相続対策における資産価値の把握や個人から法人へ売買する際の時価評価、賃料交渉などにおける継続家賃評価などと多岐にわたる。そのため、しっ

かりと依頼者から何の目的で鑑定評価書が必要なのかを評価条件（例えば、いつの時点の評価書が必要なのか、過去、現在、未来いわゆる評価時点（価格時点）や土地建物一体としての評価なのか、土地のみや建物のみの評価なのか）と合わせて確認することになる。この入口の確認を曖昧にすると後に大変になるので、綿密に行わなければならない。

②の作業を終えると、次はいよいよ③の対象不動産の確定や確認となる。その際、住宅地図や登記簿謄本、公図等で対象不動産の所在地を確定した上で、現地に赴き実際の対象不動産における間口や奥行き、建物の利用形態等様々な確認作業を行う。

④の資料収集を始めとする分析であるが、インターネットなどを通して依頼内容に応じた資料を集めなければならない。商業地においては、近年に新しくオープンした店舗やビル内のテナントなどがないかもこれにあたる。

⑤は、いよいよ前記④において集めた資料等に基づき、鑑定評価方式を適用（原価法・取引事例比較法・収益還元法等）して得た試算価格（積算価格・比準価格・収益価格等）をそれぞれ求め、この試算価格を依頼目的に応じて調整していく作業になる。（例えば、収益ベースの貸家ならやはり収益価格重視となる。）

⑥は、このような作業を終え、最終的な不動産鑑定評価額の決定を、我々不動産鑑定士が行う。鑑定評価額が決定されると、⑦の鑑定評価書の発行作業となる。

自分時間を確保できる「不動産コンサルタント」の魅力

不動産鑑定士登録と同時に2014年3月に会社を開業したものの、お仕事は自然には入らない…笑 当たり前ですね。開業したのも5月に長女を出産予定だったのと、自らの性格(自由主義)上からも会社勤務不動産鑑定士という選択肢はありませんでした。

出産から3カ月後の8月に不動産鑑定士仲間の飲み会に参加し、学年は全然違うものの同じ小・中学校の先輩がいたので、「先輩！ 私にお仕事下さい！」と頼んだことがきっかけになり、お仕事を沢山頂きました。開業駆け出し2年程度、年間1000万円を超える程の仕事量、私自身も子育てしながらだったので、子供連れて東京各地は勿論、神奈川県、時には九州や長野県など遠方にも仕事となれば行きました。

基本的に、平日に役所関係や資料の整理、鑑定評価書作成業務、週末には、家族一緒に車でドライブ気分も入れて現地調査へ出発する日々を送り、仕事なのか遊びなのか正直わからない所もあります！笑 不動産鑑定のお仕事は、東京で開業しているから東京の仕事のみではなく、全国のお仕事を受注することができるので、半分旅行気分の仕事です。旅行好きには堪らない職種かなって思います。

そんな仕事に日々追われる毎日を過ごしていましたが、段々、経済の様々な影響からお仕事の量も減ってきたので「今や！ 第2子」と思い、2017年3月に次女を出産し、8月からは、公的評価人にも委嘱され地価公示や地価調査などを担当することになりました。

私は、いつでも前向きな考え方しかしないので、仕事が一旦途切れたのは、子供を出産するための一時的なものだと考えていましたね。その後は、知り合いの弁護士の先生、税理士の先生やお友達の紹介などで受注する案件も数知れず、すごく権利関係や建物が敷地上に何棟も建っているなどと複雑な案件から自己の居宅の評価まで幅広く鑑定をやらせて頂いております。

特にこのお仕事は、自由に社会に拘束されずに生活をしたい方や子育てしながらのママには、すごく向いている職種だと思います。収入（以下、不動産鑑定評価業務のみ）面も民間のお仕事を除いても公的評価で東京は約300万円前後（年間）あると思います。東京を基準にすれば、やはり東京が一番不動産鑑定士の人数が多いので収入面は安いと思います。

逆に神奈川や千葉、静岡などの地方ではもっと公的評価だけでも確保できるかと思います。実際、平均でも1000万円程度はあります。

さらに、公的評価以外にも民間の依頼があり、それは個人や法人、弁護士等の専門家の依頼が中心で、報酬も個人依頼か法人依頼かなどにより10万円前後から１００万円程度まで幅広く、また係争案件などの多くは、最低でも50万円程度からとそれなりに確立しています。なお、民間のお仕事に営業は欠かせませんが、実際、不動産鑑定で開業している知り合いなど民間ゼロで依頼１００％が国や地方公共団体等のお仕事の方も多くいるのが実情です。あまり、営業が得意でない方にも向いている職種です。

現在私は、公的評価（地価公示・地価調査・相続税路線価・固定資産税標準宅地評価）のほか、民間（弁護士等の先生からの係争案件や税理士の先生方からの時価評価等）の不動産鑑定業務を始め、不動産の有効活用としてのコンサルタント業務などを行っています。年間の半分はお休み（誤解しないで下さいね、基本土日祝日のお休みに、子供との平日ふれあいの時間！プラス主人が会社を平日有給とればそれに合わせて私の仕事もお休み等）な感じで自由です。自由気ままに人生を歩みたい私にはすごく向いているお仕事で、つくづく不動産鑑定士になって良かったと実感しています。

先ほどの収入面での補足しておきますと、２番目の子供を出産した年から地価公示等の公的評価人に委嘱されていますが、その時は、言うまでもなく、公的評価だけの仕事でもアップアップですが、出産しながらでも２００万円程度の収入が確保できるのは嬉しいです。出産後は、多少の上下はありますが、平均700万円程度はあるかと思います。

これに、講師業の収入などプラスされてはくるし、子供とも時間も十分に確保でき、プライベートのママ時間もたっぷりで文句なしの職業です。

資産運用でお金を生み出そう

私には不動産鑑定以外にも別の顔があります。それは、株式投資や不動産投資です。私の祖父は、普通の県立の高校教師を引退後、なかなか仕事現役時代にはできなかった株式投資をしていました。その影響もあり、私も幼い頃より証券会社について行くのが大好きで、高校生より株式投資を始め、優待目的や金額の少額の株を買いデイトレーダーみたいな生活を送っていました。

株式投資も値上がり目的などの利益確定銘柄・優待目的銘柄・貯蓄的な銘柄と3つの資産構造に分けて行っていました。

また、幼い頃四季報や週間チャートを見るのが大好きだったので、1000人いたら3人に匹敵するくらいのチャート分析能力があるなんて言われたこともあります。今でも、三つの資産構造は、貯金（使わない）・流動性預金（日頃使う）・投資（株や不動産投資など）の使い分けを大分類でしています。

実際、大学生の頃、監理ポストの株でデイトレーダーをしていて毎日が絶叫気分だったり、株の値動きが激しい時は、目も話せないほどスリル満点で楽しんでいましたが、未だに、自分自身株で失敗したという気分になったことはないです。

また、不動産投資は、両親が5000万円前後の古いアパート付の収益物件を買い楽しんでいる影響で「私も…欲しい！」と思い、不動産投資を始めています。

正直、株式投資とは根本的に違うので、賃借人が退去した時のリフォーム料金や新たな賃借人探しは大変です。ですが、家賃収入の有難み！笑　我が家の経済には大きいです。

実際、株式投資は現物のみで信用取引などはしませんし、不動産投資は、現金でしか購入しないので容積率オーバー物件などを物色しています。そんな私の背景から、不動産投資セミナーや株式投資セミナーなどの講演依頼も時にはあります。皆さんが真剣に耳を傾け、大事な資産を不動産業者などの裏ワザに落ちることなく、しっかりと返済計画などのキャッシュフローも組み立て購入に至ることを教えています（不動産投資の場合）。

地道な努力が成功への鍵

―― 今後やりたいこと ――

今後私は、チャンスがあれば旅館業や飲食店（特にバー系）などをＭ＆Ａにて企業買収をし、我独自のスタイルによるお店などを構えたいとも考えています。

また、ひと昔の証券会社では、どこも憩いの場所がありましたが、現在においてはどこの証券会社を覗いても見受けられません。祖父がそんな憩いの場所を大好きな印象もあったせいか、憩いの場所を提供する証券会社を小さいながらも開業する夢もあります。

仕事とは無縁ですが、学生時代にやっていたアコーディオンやピアノ音楽をもう一度やりたいという思いも胸にあり、そんな音楽を活かせる場所の一つとしても上記の旅館業やバー経営などを考えている所以でもあります。昔から、夢が多く、自分自身も困ってしまうことが多々あるので大変です。

最後に、本章をご覧になられた読者の皆様が、少しでも不動産鑑定業という職種を知り、不動産鑑定士の資格合格を目指すきっかけとなって頂けたらとても嬉しいです。

確かに、試験に合格するという大きな壁がありますが、合格後に得るものは計り知れないものがあります。最初から何もかも全てできる完璧な方はいません。一つ一つの地道な努力が試験合格へと導き、将来成功の鍵となると私は信じております。

最後まで、読んで頂きありがとうございました。

小川樹恵子さんへの
ご連絡はコチラ

PART 5

最初から何もかも
完璧にできる人はいない。
一つ一つの地道な努力が
成功へと導く。

アクセサリー作りを趣味の延長線で終わらせない！
ドン底でも諦めずに7年で約2万個販売した道のり

ファッション雑貨販売＆
アクセサリースクール主宰

柏山真紀

株式会社ピーク代表取締役。北海道出身、東京都在住。ファッション雑貨販売＆アクセサリースクールを主宰。大学では服飾美術を学び卒業後は安定を求めて銀行へ就職。しばらくしてから銀行を退職し、モデル事務所に所属し、ショーやスチール、CMなど幅広く活動を行う。あるキッカケでバック・アクセサリーのブランドを立ち上げ、人気セレクトショップに並ぶまでに成長。その後、結婚・出産をし体調不良もあり企画・生産から輸入に方向転換し、アクセサリースクールも立ち上げる。

「自分の人生を生きる」とは

株式会社ピーク代表取締役の柏山真紀。ファッショ雑貨販売&アクセサリースクールを主宰。北海道出身、東京都在住。夫と小学生の娘とワンコの3人で暮らしています。父は公務員で、母は手芸好きな専業主婦、兄弟は5歳年上の姉が1人います。

親には厳しく育てられましたが、田舎でのんびり育ちました。子供のころ好きだったのは工作や手芸です。休みの日には母に連れられて、よく手芸店に行っていました。進学先は楽しそうな服飾美術を学べる学校に決め、授業では服飾・被服学や色彩学、染色、洋裁に和裁を学びました。

卒業後は安定を求めて銀行に就職しました。地元ではスタンダードな企業です。配属されたのは本店営業部の出納係。時はバブルということもあって、仕事はとても忙しく、重労働の毎日でした。そして半年が経ち、係替えに。計算係に配属され、本店営業部の伝票の収支を合わせる仕事に就きました。

計算係の人が変わると、最初の1か月は最低でも帰りが1時間、伝票の多い5、10日や月末には2時間や3時間は遅くなるのが当たり前なので、みんなゲンナリ…。収支が合わないと営業部のみんなの帰りが遅くなるので責任を感じました。

作業をする中でマニュアルにはなかったのですが、どうにか早く帰れないかと思い、自分なりに工夫をすることにしました。そして何度か改良して、仕事量は少し増えたのですが、とても正確で早く締めることができたのです。もちろん皆さんの帰りも以前より断然早くなりました。

それから仕事がとても楽しくなり、会社(銀行)にも貢献したいと思い、友人に声をかけて新規の口座を作ってもらったり、支払いに困っていると聞けばローンを組む手続きをしたりしました。それまで営業という仕事のイメージは、「いらない物の押し売り」という悪いイメージが強かったのですが、自分がやってみると相手をよりよくするお手伝いや、お役に立てる事なのかなと思いました。

仕事終わりには同期や同僚と食事をしたり、楽しい時間を過ごしたり、とても充実していました。しかし、自分でなくてもこの仕事の代わりはいくらでもいるな〜と思う気持ちも芽生えました。

就職して1年ほどでバブルが弾け、仕事をする時間に余裕はできたけど拘束時間は決まっている。限られた人生の時間を無駄に使っているような気がしてきました。毎月の安定した収入はありがたい反面、先が見える感じで、このまま人生が終わってしまうのかと思うようにもなっていきました。

その一方、学生の時にアルバイト感覚でやっていたモデルの友人達の、生き生きとして楽しそうな顔。不安定で先の見えない生活ながらも自分のやりたい道を生きている。そんな生き方もあるんだよな、私も世間体や親の目を気にせずに自分の人生を生きてみようかな、仕事としてモデルをやってみようかな、もっと自分らしく生きてみようかなと考え始めました。

でもやっていけるのだろうか。銀行に就職して2年が経って、同僚にも恵まれて仕事も楽しい、居心地も良くなってきているのに。

そんななか、融資係に異動が決まりました。とてもやりがいはありそうだし、興味もある。でもモデルを仕事としてやってみたい、チャレンジしたいという気持ちが大きくなっていきました。この時ほど体が2つあって両方やってみたいと思ったことはありませんでした。

安定した生活を捨て、挑戦する人生へ

銀行を辞めてモデルになる事を親に言うと、「モデルなんてできない、無理だから」と言われました。しかし学生の頃はやれていたのだからと何とか説得をしました。

その後、モデル事務所の門を叩いて所属させてもらえましたが、銀行を辞めてきたと伝えると頭を抱えていました。所属してすぐに「無理、仕事ないよ」と社長に言われてしまったのです。

銀行を辞めて仕事としてやっていこうと思っていたので、目の前が真っ暗になり、ショックで2か月間だったか、家から出られませんでした。その時はあまりのショックで気が付きませんでしたが、事務所としてもバブルが弾けて大変だったのだと思います。

それでも解雇されたわけではないと気付いて、ウォーキングのレッスンに行くことにしました。レッスンの時に先輩が来ていて、「仕事が無いんです」と話しかけてみると、「新人はまず顔を覚えてもらわないとね、事務所に通うといいよ」とアドバイスをくれました。

用もないのに事務所へ行くなんて、私には考えつかないことでした。仕事が変われば今までの価値観は全く通用しないのです。いち個人事業主で、自分が商品なのです。自分を売り込まないといけないのです。私は片道1時間かけて毎週3回自主レッスンに通うことにしました。それから事務所は、いつも顔を合わせている私に小さな仕事を振ってくれるようになりました。

そして1年経つ頃には、目標としていたブライダルや着物やイトキンのショー、三越の広告、ドコモのCMなどなど、出していただけるまでになりました。何かの設定に合わせて自分を表現するのがとても楽しく感じました。

目標にしていた仕事がほぼできた頃、友人達が東京に移り住んで仕事をしているのが気になり始めました。東京はレベルが全く違うし、行くとなると一人暮らしをして生活しないといけない。でもどうせモデルを続けるなら挑戦したい、東京にも行ってみたいと思いました。

そして、その先に何かもっと違う事が待っているようにも感じていました。どうなっても行くしかないと24歳で決断して、モデルとしてはとても遅い上京をしました。聞いてはいましたが、東京に来ると水も合わず、吹き出物やストレスから6キロも体重が増えてしまいました。

それから少しずつではありましたが体型を戻して、いただいた仕事は全て受けて全力でやっていきました。そうしているうちに、「さが美」のショー、「高島屋」の広告、「パイオニア」のＣＭなど幅広くお仕事や出張も全国行かせていただて、３年位経ちました。

諦めずに行動すれば、願いは叶う

何か新しい事がしたいと思ってから2年位経ち、思い切って渋谷区神宮前の住所にしたくて、表参道に引っ越しました。少し古くて激狭の住居でしたが、とても気分よく過ごせました。

友達に誘われて近くの神社の蚤の市に行くと、ピンクやオレンジ、緑、水色のとてもキレイで鮮やかな帯が目に留まりました。こんなキレイな帯があるんだ！　これで何か作ろう！　と思い、見よう見まねでバックを作ってみました。

ブランド名は自分の名前の「ＭＡＫＩ」と付けました。

もしも、尊敬するアメリカヴォーグ編集長のアナ・ウインターさんが見ても読める名前にして、ファッション誌の編集者などのトレンドに敏感な方に持って頂けるようなものを作ろうと思いました。色々作って、友達の紹介で雑貨屋さんに買い取ってもらった時には「私の作ったものが売れる！」と感激しました。

以前読んだ本で、最初は持ち回りで営業したと書いてあったのを思い出したので、私も作ったバックを持って、置いてくれそうなお店を回ってみました。

すぐに気に入ってくれたのが渋谷パルコにある着物の会社。(株)三松の「ふりふ」というお店でしたが、委託と言われてとてもショックでした。「なんで買い取ってくれないんだろう」と悔しくて悔しくてたまりませんでした。私としては趣味ではなく、仕事としてやっているのに認めてくれません。今ではよくわかりますが、それは当たり前で、信用がないのです。

ちょうどその頃でした。札幌に住んでいる姉が、WEBの製作会社を作るから一緒に会社を作らないかと言ってきたのです。すぐ返事をして1999年12月21日に株式会社ピークを設立。ピークは私たちの苗字の1文字の「峯」を英語にして名付けました。

会社をつくったことを「ふりふ」に伝えると、すぐに買い取ってくれるようになりました。そんなもんなのかと、なんだか拍子抜けしました。

しかし会社を立ち上げて3か月すると、姉は仕事に見切りをつけて辞めてしまい、私一人で会社をやっていくことになったのです…。

持ち回りの営業では、バックメーカーの(株)サザビー「ノジェス」から「展示会を見たい」と言われて何のことかわからず、知り合いのアパレルの友人に聞きました。商品をプレゼンすることだとわかり、知り合いの展示会の片隅で開催しました。

その結果、「ノジェス」にはとても気に入っていただいて、代官山店や各デパートなどで販売できる事になりました。また、海外で売ってみたいなと思っていたら、たまたまカード会社の会報誌の取材で、私のバックを見た日本人のスタイリストさんから依頼を受けました。その方はニューヨークのセレクトショップのオーナーだったのです。

願えば叶うんだと思いました。詳しい事はわかりませんが、量子力学では当然のことのようです。一歩ずつでも自分で想い考えて、行動することが大切なのだとも思いました。

その後、(株)パルの「ガリャルダガランテ」の各店舗や代官山のセレクトショップにも置いてもらえるようになりました。雑誌では「クリエイターを目指す人、必見！彼女たちが作った商品が、人気セレクトショップに並ぶまで」に掲載されて嬉しい限りでした。

どん底からの復活劇

モデルの仕事で、大阪や福岡の出張の後に自分の商品を見に行ったりもしましたが、企画や製作が忙しくなってきていて、モデルの仕事を辞めようかと考え始めました。自分のできる事は全部やったか、後悔はないか自問自答を何度も繰り返しました。

今は自分でなくてもできる事や、何かの設定に合わせて表現するのではなく、自分にしかできない、自分の個性を出して創り出す仕事ができている、そう確信してモデルを辞めました。

しかし1年半位経った頃から、気に入るデザインの帯が手に入らなくなったり、卸していたお店の方向性が変わったりして、量産も考えましたが、うまくいかなくなっていきました。

そうしているうちに取引先がなくなり、手持ちのお金もなくなり、借金だけが増えていってしまいました。

この先何をすればいいのかわからず、何ができるのかもわからず、見通しのたたないいまどん底に落ちました。

学生の頃の友人達は、もう結婚して子供もいる。渋谷に行く用があって、いつもは自転車でしたが雨になってしまい、土砂降りの中、歩いて行くしかありませんでした。起業して3年目の時でした。とてもみじめで、目からは涙があふれていました。お金が無く、見通しがたたないことがこんなにも苦しいものかと思い知らされました。

唯一、友達の紹介でアパレルメーカーの展示会のモデルと展示会前などの手伝いをしていたので、それでなんとかやり過ごしていました。その現場で、私がバックを作っていたことを知っていたアパレルメーカーから、オリジナルのバックを作ってみないかと依頼されて作りました。でも結果、利益は出ず、次のお話はありませんでした。

ですがその時に作ってもらったバックメーカーのバックが展示会に出ていて、沢山受注がついていました。そこで「このバックを売ろう！他のメーカーに持って行こう！」と思ったのです。

もう自分のブランドがどーのこーのなんて四の五の言っていられません。知り合いに紹介してもらってアパレルメーカーに営業に行ったり、電話で営業したりした結果、以前取引のあった(株)サザビーのアパレルブランドで取り扱っていただけることになりました。

1つのアパレルメーカーで複数のブランドに取り扱ってもらえるようにもなり、借金はあっという間に1年で返済しました。

そして以前の売り上げを軽く越していったのです。デザイナーの方が違う会社に行くことになった時は、行った先でも取り扱っていただいたりもしました。

その後、ベルトが流行しはじめて、どんどん売上が上がっていき、ベルトメーカーにデザインを出して作ってもらったり、一緒に中国や台湾の工場に行ったりしました。やったらやっただけ数字として明確に売り上げが上がり、とても手ごたえがありました。

そうなるとお客様から「ストールやマフラーやファーも提案して。」と要望がくるようになりました。ストールなどはすぐに見つかったのですが、アクセサリーだけは、なかなかお客様に合うテイストがありませんでした。

そしてお客様であるデザイナーの方から「自分で作ってみたら」と言われて、そんなご冗談をとその時は思いました。

でもその方は会う度に真剣に何度もおっしゃるし、売上にもつながるので、なんとか作ってみることにしました。

いざ作るとなると、何をどうやって作っていいものか全くわかりませんでした。本を見てもよくわからず、どこかに習いに行こうかとも思ったのですが、お店で売っているような物を作っている教室が見当たりませんでした。

とりあえず、材料を売っているお店を探して行ってみました。パーツをつなぐ金具一つでも大きさや太さが何種類もあり、買ってきてチェーンをつなごうとすると金具が太くて入らない、メッキの色もゴールドやシルバーや古びた色など色々あって何を使ったらいいかよくわかりませんでした。工具もパーツも足りなくて、また次の日に買いに行ったり、パーツを繋ぐピンを曲げてもすぐに外れてしまったり、何度も何度もお店と会社をいったりきたりしました。

数か月経ってようやくなんとか形になってきました。不良や修理はお客様であるアパレルメーカーの信用に関わってくるので、責任は重大です。改良してクオリティーを高めて、お客様にとって使い勝手の良いもの、お客様のテイストに合うものをどんどん作っていき、大きな売り上げになっていきました。

大人の女性をより豊かに前向きにする

そして仕事で知り合った主人と結婚し、子供が産まれました。しかし仕事が毎日忙しくて、産休をとるタイミングを逃してしまいました。産後5年位不調が続き、アクセサリーの材料を買いに長時間見て回ったり、製作自体も負担になるため、作るのは断念して輸入に切り替えました。企画と生産をしたアクセサリーは２００８年から２０１５年の７年で約４００型、約2万個、店頭の売り上げでいうと約８７５０万円で終わりにしました。

輸入先は主に韓国で、手作りではできないデザインや材料を中国から引いているものが多いのでとても新鮮でした。そんななか、雑誌ではサロネーゼが人気でとてもキラキラして見えました。私もいつかはそんなステキな空間で、サロンをやってみたいな～と思っていました。

体調も良くなって気力も戻り、２０１９年からイベントでアクセサリー作りのワークショップに出展することにしました。

そこで一人一人と対話して、アクセサリーが完成した時の喜ぶ姿に胸がとても熱くなりました。

そしてようやく昨年、気に入った内装でアクセサリースクールを始めることができました。非日常を提供するサロンや教室はステキですが、私の今までの経験を活かして、アクセサリー作りを教えるだけでなく、販売する事に特化した、商品作りやブランド作りのスクールという形でやっていく事にしました。

生徒が卒業したら、弊社の取引先のアパレルメーカー卸やヤフーショップＡｎｎａ、ポップアップショップで生徒自身のブランドとして販売していきます。教えて終わりではなく、その先の実益にもつながるようにする。

今年から始まった「基礎＆ビジネスコース」では、業界に21年いる私が、販売する前にぜひ知っていて頂きたいアクセサリー販売の全体像から始まり、販売するための商品としての製作ポイントや強度やクオリティー、配色や季節感、流行やトレンドの読み取り方、雰囲気やテイスト、高見えのポイントや材料のオススメの仕入れ先、価格設定の考え方をお伝えしています。

また「実践＆ビジネスコース」では、基礎コースの座学でお伝えした事を踏まえて、２０２１年から再び企画し生産してアパレルメーカーに卸し始めた商品を実際に製作します。

高見えする材料を使ったり、売り込み文句になるデザインを作ったり、生徒さんがオリジナル商品を作って販売できるように、各自のブランド作りもやっていきます。

生徒さんとは長いお付き合いをしていきたいと思っています。「大人の女性をより豊かに前向きにする」これが私の理念です。

私自身、体調不良の時、仕事や育児でどうしても外に出る用事がある時は、お気に入りのアクセサリーや小物を身につけると、気分が上がって力が湧きました。そんな気分を上げて、外に向かって行動する活力になるような小物をお届けしたい、生徒さんには製作することで心が豊かになり、経済的にも豊かになって頂きたいと願っています。

ぜひあなたも、私と一緒に前を向いて共にチャレンジしませんか？

柏山真紀さんへの
ご連絡はコチラ

「自分のできることは全部
やったか？後悔はないか？」
どん底でも諦めずに
自問自答を何度も繰り返し
一歩ずつ行動する

中卒・コネなし・はみ出し者のギャルママが25歳で起業！4人のママでも好きを仕事に生きる欲張り人生の原点

cafe＆bar
こども服オンラインショップ経営

神山涼子

smileworks代表。PEACE FREE cafe bar LIKO・kidsselectオーナー。「集まる人みんなが笑顔になれる場所をつくる」をテーマに、大阪でcafe＆bar、こどもふくオンラインショップを経営。その他、アロハ数秘セラピスト・ハワイアンリトミック講師・ネットショップ開業講師としても活動中。香川県で生まれ、高校中退後大阪に拠点を移し、1人目の子どもが1歳のときにお店をオープン。その後、癌や夫婦関係などの数ある壁を乗り越え、今では4人の子育てをしながら「好きを仕事に」をモットーに、ワークショップや旅に関する仕事も準備中。

あなたの夢は何ですか？


大人になるにつれて聞かれる事が無くなる言葉。

小さな頃は、沢山の大人たちが必ず聞いてきていたセリフなのに、いつの間にか、夢を持つ事は恥ずかしい事だと教えられるようになる私達。

「いつまで夢みたいな事言うてるねん。現実を見なさい。」

と、否定されたり笑われてしまう世の中で、私はいつもはみ出し者でした。

そんなはみ出し者が、４人の母となり経営者と呼ばれるようになるまでの物語を今日は話してみようと思います。

Part7　神山　涼子

笑顔製作所

私の事業のメインはｃａｆｅやｂａｒの経営ですが、こども服オンラインショップの運営も始め、物販事業も開始。それ以外にも、個人でアロハ数秘セラピスト・ハワイアンリトミック講師として活動したり、ネットショップ開業講師として協会に所属し、ネットショップを始めたい方へ、仕入れから販売ノウハウまでサポートするお仕事もしています。

今後は経営するｃａｆｅで、ワークショップも企画したいし、子連れ旅に特化したツアーや、韓国買い付けツアーなども主催しようと現在準備中。

旅行が好きで、親子トラベラーとしても活動しているので、これからは旅も仕事にしていきたい。

ここまで読んだ方はもうお分かりだと思いますが、私は気が多いタイプ。

ただひとつ。共通している想いが『集まる人みんなが笑顔になれる場所をつくる』

それだけをテーマに、勘とノリと瞬発力だけで生きてきた、大阪の派手なおばちゃん。

それが私です。


今までずっと自分のワクワクセンサーを信じて、迷った時はワクワクする方を選んで生きてきました。もちろん、みなさんお察しの通りたくさん失敗したし、思えばジェットコースターのような人生を歩んできた気がします。けど、不思議と後悔はしていません。

「ポジティブで、行動力があって、毎日楽しそう！」

ありがたい事に、そう言っていただく事の多い私ですが、そんな自分になれたのも人生の節目で起こるターニングポイントを自分の力に変えて来たからだと。今では思えます。

ど田舎での半地下生活

出身は香川県。同級生がたったの8人という、絵に描いたような過疎地域の山間の町で三姉妹の長女として産まれました。

猿や猪が出るような場所で、ジャングルみたいな山奥で秘密基地を作ったり、川で泳いだり野生児さながら過ごした幼少時代。もちろんコンビニなんてもっての外で、スーパーすらありません。

実家は旅館。と言えば聞こえは良いですが、周りからの見た目とは裏腹にとってもハードな幼少時代でした。家族五人で十二畳一部屋の畳の部屋のみが生活スペース。唯一の窓から見えるのは地面という、最近流行った半地下の生活でした。光が当たらず一年中暗い部屋。何かジメジメしているし、部屋にネズミや蛇が出た事だってあります。

もちろんプライベートゾーンなんてなくて、唯一あるコタツでご飯も食べるし宿題もする、寝る時はコタツを端にどけて布団を敷き詰めて寝ていました。

何より嫌だったのは、店ゾーンと自宅ゾーンが分かれていなかった事。寝ている時に酔っ払いが部屋にこんにちは、とかもよくあったし、トイレもお風呂もビクビクしながら人目を避けて急いで使用しないといけなくて。

とりあえず気の休まらない生活だった事を覚えています。

市販の誕生日ケーキも買ってもらえず、着ている服は母親の作った服。台所には靴を履いていかないといけない。

こんな生活が嫌だった私は、いつか自分はお金持ちになって、必ずソファがあって誰にも何も邪魔されない家に住んでやると心に決めました。


そしてやっぱり1番は、毎週末に繰り広げられる大宴会。子どもながらに目に焼き付いている、綺麗な服を着てやってくる、コンパニオンのお姉さんと酔っ払いのおっちゃん。家中ビールと熱燗の匂い。鳴り止むことのないカラオケ。

幼少期の私がお客さんのおっちゃんの所に行ってビールをお酌すると、おっちゃんやおばちゃん達は喜んでお小遣いやお菓子をくれました。

酔っ払いの大人達の世界は、小さかった私にとっては異世界で、見たくない光景も沢山見る事になりました。

けど、その異世界に自ら飛び込む事が、過酷な家庭環境で生きていく為に幼いながらも私が選んだ道だったのだと思います。今思えば、この幼少期が私の《基盤》を作った気がします。

そんな私とは裏腹に、真ん中の妹は自分ひとりの世界に生きていました。動物や植物や人形や見えないものとずっと会話していて、なのに私や大人達が話しかけてもほとんど話してくれない、そんな妹が私は不思議で、苦手でした。この苦手な妹が後々、私の人生においてて不可欠な人になるとはこの時は全く思ってもいませんでした。

死を覚悟した中学時代

中学時代の思い出といえば、恋といじめとジュディアンドマリー。それが私の全てと言っても過言ではありません。ｙｕｋｉに憧れてファッションが大好きになり、輝く未来を夢見た中学時代。
同時に、生まれて初めて死にたいと思ったのも中学時代でした。

私はどうも、出すぎる節があるようで。それは自分でも分かっていました。過疎地域の中でも人里離れた山あいで育ったせいか、はたまた遺伝子の問題か、小さい頃から男の子とばかり遊んでいた私は、お人形や塗り絵なんてむしろ嫌いでした。常に外で遊んでいるような男勝りな性格。

そんな私の人生を共に生きてきたのが、ひとつ年上の男の子の幼馴染です。

家も近く、保育園の頃から毎日毎日、喧嘩しながらも、ずっとずっと一緒でした。

親友のような、ライバルのような、兄妹のような、腐れ縁。私達は、家族より家族でした。

幼少の頃から私はぽっちゃりしていて、容姿をいじられる事も多々あったのですが、そんな私に、奇跡的にできた彼氏もその幼馴染の友達でした
違う中学からファンが手紙を持って山奥の中学までやってくるくらいモテモテの、先輩彼氏。
幸せな気持ちも束の間、そこから私の壮絶な毎日が始まりました。

そう。いじめ。

「調子乗るな」「ぶさいくのくせに」「ぶりっこすんな」「男に媚びやがって」

どこからともなく聞こえてくる声。階段で足を引っかけられたり、焼却炉で押し倒されたり。

何故か、謝れと永遠に言われ続ける日々が続きました。

けど、何にも悪い事していないのに謝る理由なんてないと謝らない私にいじめはエスカ

レートし、人格を否定するような酷い事を沢山されました。

真剣に取り組んでいた部活中にもいじめは酷くなり、また、ひとりの先生もいじめに加担し、私の頑張りはどこでも全く認められない環境になりました。


そんなある日、本当に全てに疲れた私は突然人生をもう終わらせたい。そう思いました。

究極まで追い詰められた私が無意識に電話したのは、彼氏……ではなく、幼馴染。

「死にたい」と突然つぶやいた私に、彼は
「俺にはお前が必要や。俺がおるやん。」と一言だけ言ってくれました。

その言葉で私は我に帰り、幼馴染が居る限り、私の居場所はあるんや。それならこいつの為に生きていてやろう。そう思いました。

いずれいじめは学校問題になり、最終的にいじめの主犯格の数人が生徒指導の先生に言われて私に土下座という、何とも古典的な最後を表面上は、迎えました。

こんな状況でも、謝らないし別れないという行動に徹した自分を自分で褒めたいと思います。

思えばこの時代が私の、《折れない心》をつくってくれた気がします。

17歳。忘れられない悲劇と転落

話は変わりますが、私はオシャレが大好きです。保育園の頃の将来の夢に「服のデザイナー」と書いちゃうくらい。あんな山奥に住んでいて、どこからその感情が生まれてきたのか分かりませんが、とにかくオシャレが好きでした。

そんな私が選んだ高校が、工芸高校のデザイン科。かなりの倍率と先生の反対を押し切って入った憧れのデザイン科。

生徒会副会長、勉強も部活もそこそこ頑張っていた優等生の私が、進学校を勧める先生に反発してどんなに反対されても負けず、自分の想いだけを優先した決断。

しかし、複雑な家庭環境により家に帰りたくなかった私は、どんどん落ちこぼれていき、遊ぶ方が楽しくなり、悪友達と悪い事ばかりして過ごすようになりました。

バイトをしてお金稼ぐ事も覚え、学校に行かない日々が増えて行きました。

コギャル全盛期の世の中。短いスカートとルーズソックスを身に纏った、俗に言うヤンキーギャルな生活の私は、三年生に進級できず高校を中退しました。

この時代が私に、《世の中には光と影がある事》を教えてくれました。


そしてもうひとつ大きな出来事がありました。

17歳の冬、大嫌いで、けど誰よりも大好きで、死にたいと言った私を必要だと言った、幼馴染が突然事故で亡くなりました。本当に突然。


1週間前に電話で喋ったやん。これからの話いっぱいしたやん。

ばぁちゃんをひとりにはさせられないって、やからまたお前も一緒に過ごそうって言うたやん。

何で？

嘘つき。嫌。無理。信じへん。笑って冗談やでーって帰ってくる。絶対。

駆けつけた時、横になる幼馴染を見てもまだそう思っていた私。

全然受け入れられなかった。

物心ついた時から、ずっとずっと側に居た。お互い家庭環境が複雑だったから、それを埋めるように辛い時も、ムカつく時も、嬉しい時もいつも一緒に居た。私のそれまでの人生には、全ての場面で彼が居た。彼氏より、友達より、家族より、誰よりも、誰よりも大切な人だった。

受け入れられないから涙も出なかった。

帰らず幼馴染の家に泊まった。1分も1秒も離れたくなかった。

けど、納棺の時、冷たくて硬い体に触れた瞬間に気付いた。

「もう帰ってこない。」


正気を失い、泣き叫んで腰を抜かして立てなくなった私を支えてくれたのは、幼馴染の友達だった元彼氏でした。

この時《今ある毎日は当たり前ではない事》を知りました。


高校を中退した私は、一人暮らしを始めました。

17歳。四畳半ベランダなし。洗濯機も買えず、冷蔵庫は拾ってきました。そんな家具もない部屋で、幼馴染を失った私は荒れ狂った生活を送り、いつ死んだっていいとさえ思っていました。

毎日夕方まで寝て、夜にコンビニ前にたまる。遊んで、酒ばっかり飲んで、朝に帰ってまた夜まで寝る。バイトに行っては続かず、その日暮らし。貧乏極まりなく、袋のラーメンを半分に割って食べたり、定時制高校で配られているパンをもらって食べたりしていました。

そして、落ちこぼれたヤンキーギャルは夜の世界に足を踏み入れる事になるのです。


幸か不幸か、元々お喋り好きな私は夜の仕事にハマり、負けず嫌いと幼少期に染み付いたコミュニケーション能力を発揮し、いつの間にか責任あるポジションを任されやりがいを見いだす程になりました。落ちこぼれの私でも居場所があると思え、しんどい毎日だったけど充実していました。

お金も安定して稼げるようになり、ラーメン半分生活からも脱出しました。


この頃から、苦手だった真ん中の妹との2人生活が始まります。

というのも、我が家は家庭崩壊していて物心ついた時から悲惨な家庭環境だったのです。

私は親や家庭環境を恨んでいました。

同時に自分が何とかこの負の連鎖を断ち切らないといけないという、頼りないながらも長女の勝手な正義感が働き、お金を稼ぐ事と妹を家から引き取る事が正義と勝手に思っていました。

ある日、ドラマのような衝撃の出来事があり、両親は長い家庭崩壊期間を経て離婚しました。

正直ホッとしました。

「雑草魂」妹と言い合いながら、私達は支え合い、かけがえのない同志となりました。

そして、《どんなに踏まれても立ち上がる力》を私達は手に入れました。

この暗黒の時代が、今の私のビジネスモデルを作ったのだと思います。

人生の第二章。新たな始まりの日

良いも悪いも地元に居ると息苦しく感じる事があります。田舎のヤンキーの世界は狭いのです。

たまたま大阪に遊びに行った私は、友人と待ち合わせまでに時間があったので軽い気持ちで不動産屋に入り、そのまま勢いで部屋を契約してしまいました。遊びに来ただけの大阪で。仕事もないのに。

そこから私の大阪のおばちゃん人生がスタートしたのです。そう。人生の第二章始まりの日。

仕事もない。お金もない。友達も居ない。土地勘もない。

けど、今まで培ってきたコミュニケーション能力と、雑草魂だけは持っている。何とかなる！人生は自分で切り開くんや！もう地元には帰れない！という事で、友達が居ないのも功を奏しバリバリ働いた私。仕事、帰って寝る。また仕事。間にｒｅｇｇａｅのクラブ活動。このルーティン。ｒｅｇｇａｅだけが生きる支えでした。遣う時間もないのでもちろんお金も貯まりました。

そんな私に運命？の出会いが訪れました。そう。後に結婚し４人の子どもの父親となる人です。

初めは、お互い彼氏彼女が居て飲み友達。嘘やろと思われるかもやけど全く恋愛感情なんてなかったのです。そんな関係が1年くらい続いたある日、突然我が家に泊まりにきた彼は一向に帰る気配なく、そのまま現在に至ります。(本当はもっと色々あったけどそれはまたの機会に。笑)

またこの彼が、自由すぎるほど自由な方で。なので私は結婚する事にこだわりはありませんでした。自分の家庭環境を思い出すと、結婚が素敵なものと思えなかったし、ただ愛した人の子どもが欲しかっただけで、私はこれ以上大事な人に裏切られたり、失うのが怖かったのです。

実際内田裕也的旦那さんは、ほとんど帰ってこない日々も多々あり、長い時で2年帰って来ませんでした。仕事をしながら1人で幼児2人を育てた日々は今思い出しても壮絶でした。

この、特にしんどい時代に支えてくれた人の事は一生忘れません。

一筋縄ではいかない結婚生活。別居婚という選択。それでも何故離婚しないのかとよく聞かれます。

が、複雑な家庭で育った私達は、結婚するなら絶対に離婚はしないと初めに誓ったのです。

私は母になり、《覚悟》を手に入れました。

今思えば、彼に出会ったおかげで今の自分の経営者人生が作られていっていると言っても過言ではないのかも知れません。店を出せばと勧めてくれたのも、オープンに向けてサポートしてくれたのも彼です。私と彼は結婚当時から財布は別で、毎日どこで何をしているのか、収入はいくらなのか、貯金がいくらあるのかも、お互いずっと今でも全く知りません。

そんな樹木希林夫妻スタイルの我が家ですが、代わりにやりたい事は全力で応援スタイルなので、私は長男が1歳になった1ヶ月後、がむしゃらにお金を貯めたあの時代の資金を元手に夜のお店をオープンする事にしました。

誰かの居場所になりたい

夜のお店を始めた理由は、もちろん自分がその世界で頑張って生きて来たからというのもありますが、もうひとつテーマがあります。

「自分みたいな、はみ出し者の女の子の居場所になりたい」という事です。

本当は頑張れるのに自分の限界を自分で決めてしまう。本当は変わりたいのに変わり方が分からない。家庭環境が複雑で居場所がない。素敵な輝ける物を心に持っているのに、それを活かせる場所がない。分かってくれる人が居ない。引き上げてくれる人と出会えない。

私は人生で散々回り道をしてしまったけど、やっぱりターニングポイントで出会った「人」が居たからお店を持てるまでになりました。

だから今度は自分が、誰かのきっかけになりたい。そう思ったからです。

その思いから、世間で認識されている夜のお店とは全く違ったタイプの運営方針を取りました。

私がオープン当初からスタッフに常に言っている言葉が「何より自分が一番楽しむ事」です。

接客業をしていてそれはないやろ！と思われるかもしれませんが、私は全ての接客の基本はこれだと思っています。

「本当に楽しんでいるからこそ人を笑顔にできる」と信じています。

ただ、、もちろんヘラヘラと呑気にしているだけではダメで、「楽しむけど楽はしない」一生懸命頑張るからこそ味わえる楽しさや達成感を味わって欲しいのです。

「大人が本気で遊べばそれが仕事になる」本で読んで、心に響いた言葉が今も私のベースにあります。


もちろん長い歳月の間で、色んな事件が起こったり、赤字が続いた日々もありました。

もうやめた方が楽になるかなと思った日もあります。

けどそれでも何とかやってこられているのは、「私を信じてくれる仲間が居たから」と「変化を恐れなかったから」です。本当にこの2つに尽きると思います。

仲間を、お客様を、家族を、自分を、信じているから、チャレンジできるのです。

今まで幾度もあったピンチも、お店のスタイルを変えることでチャンスに変えてきました。

終わりなんてない。諦めない限り、全ては始まりの第一歩。だからこそ私は前に進めるのです。

自分が主役の人生を生きる

コロナ禍により、打撃を受けた飲食店。うちのお店も例外ではありません。そんな中、私は初めて大金をかけてＩｎｓｔａｇｒａｍで有名な古澤純さんにデザインをお願いしてお店を大改装しました。

今は朝からカフェ、夜はバーとして営業しています。こんな時にお金かけて大丈夫？と沢山の人に言われました。もちろんその気持ちも分からなくはないです。が、私は私。「ピンチの時は攻める」事で今まで結果を出してきたのです。そして、10年以上変わらぬメンバーが、今も何人も、私の側で一緒にチャレンジしてくれているのです。

どん底を味わった人間は強い。

とよく言われますが、今まで本当に何度も人生のどん底を味わって来ました。

実は私は癌患者です。

約４年前、次女を妊娠中に乳がんが発覚しました。計画出産後、手術により左胸を全摘出しました。

「何で今?」「何で私が?」心の中で何度も何度も連呼しました。

「死ぬんや。」そう思うと、子どもの顔が頭から離れず、涙が止まりませんでした。

そして思い出しました。

《今ある毎日は当たり前ではない事》を。

それでも今私は、子ども４人に囲まれ、仲間に支えられ、充実した忙しい毎日を送れています。

「死にたい」と中学時代に本気で思った自分が、幼馴染の後を追いたいと本気で思った自分が、今では絶対に死にたくないと思っています。

人生で起こる色々は、私を強くしてくれました。

その時は嫌だった毎日も自分をつくるパズルの1ピースとなって今の私を作り上げています。

一度は諦めかけた、ファッションに携わる仕事をする事。

その夢を叶える一歩を踏み出せたのも癌になり、人生は有限であると気付いたからです。

人生で起こる事にはきっと意味がある。一分一秒無駄には出来ません。


気が多い私は、これからも失敗するでしょう。けど、転んでも踏まれても立ち上がる《雑草魂》でその失敗をもエネルギーに変える強さを持ちました。

人は変われます。自分の人生は、自分で決めていいのです。

何かを始めるのに早いも遅いもありません。自分がやりたいと思ったときがベストタイミングです。

子どもが居たって、あなたはあなたです。やりたい事をやって良いのです。

お母さんの笑顔で家族は幸せになれます。だから笑ってください。

子どもの夢を応援するように、自分の夢も、自分の人生も応援してください。

私の運営するグループ名「ｓｍｉｌｅ ｗｏｒｋｓ」＝笑顔製作所
誰かの笑顔は、誰かを幸せにして、誰かの幸せは、また別の誰かの笑顔になる。
笑顔の連鎖。笑顔の力。
私がやりたいのはお金集めじゃなくて、笑顔集め。

学歴もない。気が多い。仕事が嫌い。すぐ飽きる。楽しい事しかしたくない。こんなダメダメ社長な私だけど、それでも愛してくれる人が沢山居る事に気付かせてもらえました。

私の得意は誰かの苦手で、私の苦手は誰かの得意。それでいいと思いませんか？

やりたい仕事がなければ、作ればいい。

私は私にしか出来ない事をこれからも生み出していきたいし、チャレンジし続ける背中を見せられる経営者であり、おかんで居たいと強く思います。

家庭環境に恵まれなくても、いじめられても、大切な人を亡くしても、大病を患っても。

チャレンジする事で見える世界があって、動き始める世界がある事を沢山の人に知って欲しい。

見た目や、お金や、地位や、資格はアイテムにすぎない。

持っているだけで幸せになれる訳ではないのです。

私は特別な物はなにひとつ持っていない人生でした。

だからこそ人を大切にし、新しい何かを求めて常に始まりの一歩を踏み出し続けられます。

まだまだ人生という旅の途中。何歳であっても、自分の譲れない気持ちを大切にして。

そして、「夢は叶う」と言い続けられる覚悟を持って生きよう。

私みたいな、ろくでなしのｈｉｓｔｏｒｙが、誰かの一歩を踏み出すきっかけになれれば幸せです。

当たり前の事を当たり前に。目に見えないものこそ大切にして。

私には、まだまだ行ってみたい場所があるし、やってみたい事もある。

これからも新しい出会いを大切にして、自分らしい人生の一ページを刻んでいきたい。

今まで出会った、そしてこれから出会う全ての人へ愛を込めて。

神山涼子さんへの
ご連絡はコチラ

PART 7

今ある毎日は当たり前ではない。自分の感覚を信じて。一歩踏み出せば全てが動き出す。

フルタイム正社員のシングルマザーが起業して子供との時間を第一にしながらも成功できた秘訣

レンタルサロン5店舗経営&美容起業家コンサルタント

皐月香里

レンタルサロンキラリラ5店舗オーナー。美容起業家コンサルタントとして個人美容家・治療家向け集客コンサルティングも手掛ける。1988年生まれ。シングルマザーで、フルタイム正社員を続ける傍ら、自身の会社の代表取締役を務める。福井県名田庄村(現在のおおい町)生まれ。高校卒業までを過ごす。離婚直後にも関わらず、子供の頃から夢だった「自分の会社」を持つという夢を叶えるために動き、たった1年で年商一千万円越え。自身の経験から、女性がもっと自由に、能力を生かして経済的に自立することが増えれば、社会はもっとよくなると気づき、そのノウハウと経験を女性の自立のために提供している。

皐月香里STORY
――本業ありのシングルマザーが起業!?――

フルタイム正社員で産後うつ・離婚を経験したシングルマザーの私が、どうして起業という道を選択したのかお話しします。心も身体もボロボロだった頃の話です。小さな赤ちゃんを連れてどこにいくにも気を使っていました。電車で子供が泣いてしまったので次の駅で降りようと、下車予定ではない駅の手前で私は席を立とうとしました。

そんな私の腕をつかんで「赤ちゃんは泣くのが仕事! 降りなくていい、座ってな」と車内に敢えて響き渡るように大きな声をかけて、私のことを助けてくれた見ず知らずのおじいさん。初めての育児で不安定だった私に、毎日電話をかけてきてくれた区役所の子育て支援課の方。

それまでは、人生順風満帆。誰に頼らなくても自分は生きていけると勘違いしていた私が、このときやっと気づけたことがありました。

『世の中は、こんなにも愛と優しさで溢れている』

家族や友人ではない全くの見ず知らずの方に助けられたこの経験から、いつか自分は世の中に恩返しをするんだ！という想いが芽生えました。

そして、育児休暇から職場に復帰し、子供と２人の生活が安定してきたタイミングで、会社員を続けながらでも出来そうで、女性の自立支援になりそうな「レンタルサロン」の運営で起業家の第一歩を歩み始めました。（２０１９年11月）レンタルサロンとはシェアサロンともいい、自分の店舗をもたないセラピストやエステティシャン、美容家さん、整体師などの治療家さん向けに時間単位で施術場所を提供するサービスです。

順調にお客様が増え、２０２０年８月に同じ地域に２店舗目を出店しました。同時期に、コロナでかなりのダメージを受けた美容家、治療家さんたちの手助けになりたいと考え、コンサルティング業務をはじめました。ただただ救いの手を差し伸べるのではなく、一人で頑張るサロンオーナーさんが自立して、より一層豊かになれるような仕組みづくりを心がけています。そうでなくては本当の意味での自由が叶わないと思うからです。

まだ起業してから1年ですが、お金を稼ぐことだけを考えるのではなく、（もちろん企業は利益を出して納税することで社会に貢献するので、お金を稼ぐのは必須ですが）シゴトを通して実現したい自分の未来を常に描いていたことでスピード感をもって進められました。コロナ渦でしたが順調に事業を拡大し、９ヶ月で１４００万円の売り上げをあげることができました。

なによりも『自由に自分で選択できる人生』というのが女性に必要だ！と強く強く、感じています。【場所にもお金にも時間にも縛られない】自由な女性を増やすのが私の使命です。

『自由を知らない。自由に自分の人生を選ぶことなんて自分にはできない。』と諦めてしまっている女性に一歩踏み出す勇気を持って欲しいと思います。

あなたは「自由」に生きていますか？

私の理想の生き方である『自由に自分の人生を選択する』生き方について、なぜ私がそんな生き方の女性を増やしたいと考えているのかをお話しします。

まず、自由に生きている人とはどんな人でしょうか？　お金に余裕があって、好きなものや人に囲まれている人？それもすごく大切ですが、「自由」に欠かせないことは「ココロの自由」だと私は思うのです。あなたの生き方はいくつ当てはまるでしょうか？

《自由に生きている人の生き方》

自由に生きている時とは、
・自分で考えて決め、誰からも指図されていないときです。
・やりたいことをやり、やりたくないことをやらされていないときです。

・安心できる人と一緒に居て、不安を感じる人からは離れているときです。
・自分の責任だけを果たし、他人の責任を背負い込まないときです。
・うまくいってもいかなくても、自分で決断した結果として受け入れられているときです。

どうでしょうか？　どれも当てはまらなかったとか、仕事ではできているけど家庭ではできていないとか、今はできているけど過去の自分はまったくできていなかった、なんていろんな方がいると思います。現状に不満があったり、不満ほどではないけれど、最高かといわれたら、そうではなかったり…という方もいらっしゃるかもしれないですね。

では、反対に自由ではなく支配され、依存している人とはどんな生き方なのでしょう？

《支配されている人の生き方》

支配される人生を生きている人は、
・いつも人の顔色ばかりを気にして、やりたいこともあきらめがちです。

・恐怖心が強く、自分の意見が言えません。嫌なことも断れません。自分にとって良いと思ったことも実行できません。

やりたいことを諦め、やりたくないことばかりしていると、周りはそれが「あなた」だと思います。もしかしたら、そんなあなたは親御さんから「あの子はとても素直で従順な子だ、親の言うことには従うし逆らうことなんてない良い子だ」なんて言われて育ったのかもしれません。なぜなら、私がそうだったからです。

親が何をすれば喜ぶのか？　どんな言葉を言えば満足するのか？　いつも親の顔色を気にして、叱られないように「空気を読む」子供でした。それは後に親との関係だけでなく、人間関係全てに影響を与えました。いい人、気が利く人、わかってくれる人だと思われたいから、自分の意見は飲み込んで相手に合わせる。先回りしてやってあげるけど、見返りを求めている。気づいてもらえないと、こんなにやってあげているのに！　と怒りの感情が湧いてくる。

そんなことを続けていた私の周りには、依存してくる人ばかりが寄ってきてしまっていました。でもそれは相手が悪いのではなくて、そんな相手に『私が』してしまっていたのです。自分で撒いたタネだったのです。

自由が世界を救う！
――女性こそ自由であれ！――

あなたは自ら従順な自分を演じていませんか？

周りに本心とは違った印象を与えていませんか？

あなたがやりたいことに自信を持って取り組み、やりたくないことを手放して、自由に、幸せに生きているところを想像してみてください！　私も少し前までは、自分は恵まれていない、人が羨ましいと不満、悪口、影口をいつも口にしていました…。だけれども、自分に無いものを見るのではなくて、自分が持っているものを見るようにしていったらいつの間にか、

・悪口ばかり↓人のいいところを見つけられるように
・依存される↓お互いに成長しあえる関係性

・支配されている↓自由！

こんな風に人間関係が変わっていました！ 自分が変わるだけでこんなにも世界が変わるんだと実感しました。もう2度とこの自由を手放したく無いです。もう自由じゃなきゃ満足できない！ と思うほどに、支配される人生から自由な人生へのシフトは劇的な変化です！

こんな生き方ができる人が増えれば、世の中のつまらない事件や暗い話題はなくなって、幸せな世界になるのではないかと思っています！

それが私の目指す世界です♡
だからアナタにも自分のいいところを見つけて、そこを伸ばして、自由な人生を謳歌して欲しいのです！

アナタの人生の主役はアナタ自身。
人生を創っていくのは、アナタ。
さあ、どんな未来が描けましたか？

自由とは正反対！
感情のコントロールができなくて苦しんだ過去

私は言いたいことも言わず、やりたいこともやらず、我慢するのが美徳だと思って生きてきました。

・喜んでいたら、「いい気になるな」と否定
・怒っていたら、「ワガママだ」と否定
・哀しんでいたら、「メソメソするな」と否定
・楽しんでいたら、「はしゃぐな」と否定

子供の頃、こんな風に大人から頭ごなしに否定された経験はありませんか？思ったままに感情表現することを許されないと、喜怒哀楽を表現することが苦手になります。そして、知らず知らずのうちにストレスを溜めていきます。

なぜなら、感じたことを感じたように表現できないのですから。子どもは親から離れれば生きていけないし、結局我慢して自分の感情を殺さなければならなくなります。

そして大人になって経済力を持ち、親から離れて生きていけるようになると、子ども時代から溜め込んでいたストレスが外に漏れ出やすくなるのです。私もまさにそうでした。

・いつもイライラ、ちょっとしたことでもカチンとなってしまう。（うまく隠そうとして常にポーカーフェイス）
・他人を否定することでしか自分を保てないのでマウントをとる。
・恋愛関係になるのは依存的な相手ばかり。
・身体にもストレスが現れ、円形脱毛症を慢性的にくりかえし、言いたいことが言えない状態が続くと声が出なくなりました。

自分で処理しきれない怒りの感情は、自分よりも弱い相手に向かいやすいです。私の場合は結婚生活や親子関係のストレスが子どもに向かいました。

子供は本来、無邪気で、笑いたい時に笑い、泣きたい時に泣き、怒りたい時に怒ります。だけど私は「感情を素直に出すこと」＝「ワガママ」だと思ってきたので、自分の子供が感情をぶつけてくると、「娘のワガママに付き合ってられない！」とイライラしました。自分がされてあんなにイヤだったのに、子供を頭ごなしに怒鳴ってしまう…。あとから振り返ると、なんであんなにすぐ怒ってしまったのかと後悔するのですが、その時は感情を抑えられないのです。

これではいけない、なりたくなかった母親像そのままになってしまう、と危機感を覚え、いろいろな育児本を読みセミナーにも参加しました。「いい夫婦関係」と「いい親子関係」を手に入れたいと勉強し、探し続けました。

しかし、しっくりくる答えがどこにもなかったのです。それもそのはず、私は「親」や「夫」や「こども」など他人が私のストレスの原因を作っていると考えて、自分の心の問題として捉えていなかったからです。どうすれば相手を自分の思うように動かして自分が心地よくなれるか、とばかり考えていたのです。

私の抱える問題は私のモノであって、相手の問題は相手のモノ。お互いの問題ではないので、ここを分離しなければ本質は見えてこないのです。相手を責めることで無意識的に「悪いのは相手。私は正しくてかわいそうな存在。」と感じていて、相手に自分の存在を認めて欲しいという欲求が根底にあったのです。

子どもは本来無邪気でなければならないのです。それがとっても自然な状態です。生まれてまだ間もない赤ちゃんは、失敗を恐れないし、感情を抑えることもしませんよね？好きなことをやり、嫌いなことはやらないし、楽しいときは笑い、悲しいときは泣き、腹が立ったときは怒ります。そうやって、子どもは自分の気持ちを確かめながら自分の価値観を確立していきます。

自分の価値観が確立されると、そもそも相手と違っていてもいいし、自分は自分でいいんだと感じられるようになります。人の目を過剰に気にしなくなるし、相手と意見が違っていたからと恐れません。私は私と思えるからとても楽なのです。これが自然な状態です。

娘から教わった「自由になることで人生は好転する！」

数々の学びの中で、私が影響を受けた考え方があります。それはこの3つです。

・子供が親を選んで生まれてくる
・子育ては過去に傷ついた自分を癒せるチャンス
・生まれたばかりの赤ちゃんは、十分な栄養と清潔だけでは生きられない。周りの人からの愛がなければ死んでしまう。（詳しくは、フレデリック大王の実験とネグレクトを検索ください）

これらの学びが自分の中でつながった瞬間に「子どもが私に何かを教えてくれているのかもしれない」「私は自分で望んで生まれてきて、確かに愛されて育てられたから今があるんだ」と思えました。

無邪気に感情をぶつけてくる子供から私へのメッセージは、

「もっと自由に生きてもいいんだよ」

「十分に愛されているから安心して愛を受け止めていいんだよ」

ということかもしれないと感じました。


私は愛されているって自信を持ちたかったんだ！

もっと自由に生きたかったんだ！

不自由にずっとストレスを感じていたんだ！

ということを受け入れられたら、自分の感情をぶつけてくる子どもに対する怒りは自然に解消していきました。


もし、今、あなたが過去の私と同じように、感情のコントロールができなくて苦しくて悩んでいるなら、それはあなたのこれまでの人生を変えるチャンスかもしれません。どうせ生きるなら楽なほうがいいですよね。嬉しいとか、楽しいとか、自分の気持ちに正直に生きるほうが楽ですよね。泣きたいときは泣けばいいのです。

生まれたばかりの赤ちゃんだった頃は、誰に教わっていなくてもそんな楽な生き方ができているんですよね。泣きたい時に泣いて、笑いたい時に笑って、感情を出すことができていたはずなのに、いつのまにか封印してもう30年も拗らせてしまっていた私は、子育てを経験することで、人生の目的を見つけ、生きやすい人生へと好転しました！　改めて、子どもってすごいな、子育てってすごいなと思います。

現代の女性は仕事に家事に育児に大忙しで、我慢することが当たり前になってしまっている人が多いです。私は女性こそ自由に生きて笑顔になって欲しいです。社会の最小単位は家庭です。本当の意味での自由を手に入れて笑顔で過ごす女性が増えれば、社会はもっとよくなると考えています。

私は自由を手に入れて心が楽になったことで、悩んでいた人間関係すらも自分が望んだ通りになっています。起業は一つの選択肢にすぎません。だけれども、自由になることで人生が好転していく大きなきっかけとなり得ます。

次はアナタの番です！

皐月香里さんへの
ご連絡はコチラ

PART 8

自分に無いものを見るのではなくて、自分が持っているものを見るようにすると、自由な人生へシフトする

「妊娠」か「自己実現」かの二者択一ではない 女性「だからこそ」持つ無限の選択肢とは？

女性総合クリニック経営
コーチング医

清水なほみ

医療法人社団ビバリータ理事長。横浜で女性専用クリニックを経営。一般的な婦人科診療に加え、心理学・脳科学・言語学を融合した「言葉の技術」で、病気を根本から解消していく治療を行うコーチング医。医学部卒業後、研修医として大学病院に勤めるも、やりたい医療とのギャップや長時間勤務に悩まされ鬱状態に。「女性外来が変える日本の医療」という一冊の本と出会い、女性医療の先駆者である著者に連絡をして大学病院を辞めて弟子入りする。その後、開業準備をしている中に妊娠が発覚したものの、同時並行に進め、無事に出産も開業も終え、２０２１年時点で12年目を迎える。

私は横浜で女性専用クリニックを開業している婦人科医です。一般的な婦人科診療に加えて、心理学・脳科学・言語学を融合した「言葉の技術」で、病気を根本から解消していくという治療を行っています。

診療の中でたくさんの女性と接していると、「もっと自分の力を自由に発揮したらいいのに」「もっと自分の可能性に気付いてやりたいことをどんどんやったらいいのに」と感じることがしばしばあります。本当はやりたいことがあるのに、それを「できない」とあきらめて、やりたくないことを嫌々やっていると人は「病気」になります。そんな理由で不調をきたしている方が私のクリニックには大勢いらしているのです。

医学生の頃から、もしかしたらもっと前の、高校生の頃から温め続けていた「夢」を叶えた一人の女性として、前述のような「あえて自分を小さく見積もって、自分で殻を作って飛び出せない」でいる女性をエンパワーメントできたらいいなと思ってこちらの書籍に参加させていただきました。

医者を目指した2つの原点

医学生の頃からの「夢」と書きましたが、子どもの頃から「お医者さんになりたい！」と思っていたわけではなく、小学生の頃の夢は「バレリーナ」でした。しかし中学生くらいになると、「自分にはバレエの才能はない。バレエで食べていくことはできない」ということに気付きます。

バレエ以外に自分は何がしたいのだろうと思い始めたちょうどその頃に、通っていた中学校で「いじめ」を体験したのです。当時の自分の解釈では、「女のくせに生意気だ」という理由で主に男子生徒からいじめられていました。

当時の私は、「自分は何も悪いことをしていないのに存在を否定される」という体験に非常にショックを受けたのです。この「いじめ」という経験から、「なぜ人は他人に意地悪をするのだろう」「なぜ『女性である』というだけで不利益をこうむらなければならないのだろう」という二つの疑問を持つようになりました。

実はここで体験した二つの、ある意味理不尽な思いが現在の活動の原点となっています。

「人はなぜ他人に意地悪をするのだろう」という疑問から、犯罪心理学に興味を持ち始めた私は、心理学系の本を読み漁りました。そして、人の「心」の仕組みを知りたいと思うようになったのです。

「いじめ」という経験そのものは、中学生の自分にとっては非常に辛く、一時的に「女性としての自分」には価値がないという勘違いまで発生させるほどの体験でした。しかし、このいじめという体験があった「からこそ」、今の診療の核となる知識や能力を身につけるに至ったわけです。ちなみに、悩み続けた当時の私が出した結論は、「人は自分が満たされていない時に他人を攻撃するのだ」ということと、「いじめた人たちを『許す』ことが最大の復讐になるのだ」ということでした。

心のことを勉強したいのであれば、心理学部に行ったらよかったのでは？と思われるかもしれませんね。実は当時、理系の学部で「心のこと」を学べる場所がなかったのです。そして、中学3年生の進路調査で希望の大学や学部を提出しなければならず、どうしたものかと悩んでいたところに運命の一言がやってきます。

バレエの発表会前に捻挫をしてしまい、鍼の治療を受けた際に、その先生から「お前、医者になれ！ 西洋医学も東洋医学も、全部いいとこ取りできる医者になったらええ」と言われ、素直に「あ、そっか！ 医学部に行って精神科を専攻すればいいんだ！」と結論付けたのです。

人生には何度か、こういった「天の声」のようなメッセージを伝えてくれる人が現れます。自分の本来の役割を知っている「未来の自分」がちゃんと設定通りの未来に歩んでいくように、随所随所でこのような「登場人物」を配置してくれているのです。

本来の自分の姿で生きるコツの一つは、このメッセージに素直に耳を傾けて、四の五の言わずに「まずやってみる」ことです。患者様にもよくお伝えするのですが、「未来につながる扉」は実は自動ドアです。でも、ほとんどの人が必死にドアノブを探して、「ドアノブがないからここから先には進めないわ」とあきらめてしまっています。目の前にある自動ドアを「壁」だと勘違いして行き詰ってしまうのです。本当は、ただ一歩足を前に出すだけで、扉は開くのに。

人生のお試し期間
――自分の存在価値とは――

医学部に入った私がまず感じたことは「医者の世界って、超男性社会！」でした。私の通っていた大学は１００名の生徒の内、毎年大体17～18名が女性だったのですが、なぜか私たちの学年だけ30名の女性が入学したのです。そして、ある教授から「今年の受験は『失敗だ』」と言われました。女性は出産や育児で仕事から離れてしまうので、女性が多い＝戦力が減るということなのだそうです。

そもそも、男女平等とは「男性と女性を同じように扱う」ことではないはずだ。それぞれの特性を生かして「同じように力を発揮できるようにする」ことが本来の平等なのではないか。そんなことを考えながら進級していくうちに、「どうせなら、男性医師と肩を並べて無理して体力勝負をするより、自分が『女性である』ということ自体がメリットになる分野で仕事をしたい」と思うようになります。

患者様が「女医さんでよかった～」と言ってくれる分野は、やはり産婦人科がダントツ1位でした。自分が女性であることを最大限に活かした仕事をしたい、そして、同じ女性という立場で女性のトータルサポートがしたい、そんな思いから産婦人科という分野を選び、そして自分のやりたい医療を自由にやるために「開業する」ということを学生の時点で決めました。

医学部に入って最初の人生のお試しは、3年生の時にやって来ました。肺炎になって3週間も大学病院に入院することになり、この時の母親の言葉がきっかけで、本気で医学部をやめようかどうか迷うことになったのです。

私は三姉妹の長女で、母親にとっても他人から見ても、実に「長女らしい長女」でした。対極的な次女は、いつも問題を起こしては母親を困らせていました。母親を安心させられる存在であらねばならないといった義務感に近い制限を、無意識のうちに自分の人生に設定してしまっていたのかもしれません。

お見舞いに来てくださった方が「お母さんが『あの子が死んだら困るの！』と言っていたよ」と教えて下さったのですが、それを聞いた私は「ああ。母は、私が死ぬと『悲しい』んじゃなくて『困る』んだ」と捉えたのです。ちょうど時期的に、「親なんだからもっとこういう存在でいてよ！」という不満が積もりに積もってきていたこともあり、「母親にとっての自分の存在」を疑問視し始めます。

自分が医学部生で「将来有望な役に立つ子ども」だから母親は愛してくれているだけなのではないだろうか。自分が医学部をやめると言ったら、母親はそれでも私という存在を受け入れてくれるのだろうか。そんな疑問がどんどん膨らんできて、3年生が終わるころには休学か退学のどちらかを選択しなければとまで考え込んでいました。

その状態の私を一回り成長させてくれたのは、あるスピリチュアルカウンセラーの方でした。その方のチャネリングセッションの中で、「子どもは親を成長させるために生まれてくるのです。あなたが親を育てなさい」というアドバイスをもらいました。

日本は「儒教」の教えがベースにあるため、どうしても「親が上で子どもが下」「年上の人を敬わなければいけない」という考えにとらわれがちです。でも、スピリチュアル的に親子関係を見たら、後から生まれてきた子どもの方がたくさんの宇宙情報を持っているわけですから、魂のレベルは圧倒的に子どもの方が上なのです。これは自分が親になってみて痛感しました。

まさに子どもは親を成長させるためにやってきます。カウンセラーさんのアドバイスを聞いて、母親に何かを求めることをやめ、母と自分を切り離して、「母親を成長させるには自分がどういう生き方を実践して見せたらよいのか」を考えるようになりました。

母親との関係が最終的にクリアにできたのは父親を看取った後でしたが、この医学部生の時の「親離れ」体験が、私の「本来の自分」としての人生のスタートであったのだと感じています。

運命を変えた1冊の本

医学部を卒業し、研修医として働き始めたわけですが、卒後3年目に大学病院に勤務し始めてから、1か月もたたないうちにうつ状態になるというピンチに陥りました。

単純に、朝7時から夜2～3時まで働くという意味不明の長時間勤務が負担であったというだけではなく、自分がやりたい医療からかけ離れた医療を毎日目の当たりにし、先輩たちからは「あなたがやろうとしていることは医者の仕事ではない」と罵倒されて、「何のためにここにいるのだろうか。私はここにいて本当に学びたいことが学べるのだろうか」と強い疑問を抱かざるを得なくなったのです。

いつも迷った時に相談にのっていただく方にアドバイスをいただいた私は、「女性医療」や「女性外来」といったキーワードで本を読み漁りました。その中で出会った「女性外来が変える日本の医療」という本が、私の運命を変えるカギとなったのです。

その本の中には、私が実践したい医療がそのまま描かれていました。「この本の著者こそが私の恩師になるに違ない」と思った私は、何とかその医師に連絡を取りたいと思い、偶然所属していた同じ団体の事務局に「先生とのアポを取り次いでください！」と突撃メールを送りました。先生宛の熱いラブレターも添えてです。

冷静に考えれば、なんて無鉄砲で失礼なことをしたのだろうと思います。でも、この時点で「こんな若造がいきなり『弟子入りさせてください』なんて言っても相手にされないだろうな」なんてことを考えていたら、今の私はいないでしょう。

そのメールがきっかけで、大学の医局を抜け、女性医療の先駆者である先生の元に弟子入りすることができたのです。

先生の診療を隅から隅まで見学させていただき、雑誌の取材から学校や企業での講演まで、かばん持ち状態でついて回って、学びたいことを全て吸収させていただくことができました。もし、大学病院でうつうつとしながら、自分のやろうとしていることに否定的な先輩医師たちに囲まれて研修を続けていたら、きっと私は医師をやめていたでしょう。

私には「女性の立場を活かして女性のサポートをする」という明確な使命がありましたから、「どうやったらそれが実践できるのか？」を考えるより他に選択はなかったのです。

何かをやろうと思ったら、「できるかできないか」を考える必要はありません。「どうやったらできるのか」を考えて、できるまで実践していくだけなのです。

エジソンはこう言っています「私は失敗したことがない。ただ、1万通りの、うまく行かない方法を見つけただけだ」「人生に失敗した人の多くは、諦めたときに自分がどれほど成功に近づいていたか気づかなかった人たちだ」。

あなたはこれまでに、どれだけ「成功に近づいて」来ましたか？

幸せと成功の鍵は「親子関係」

開業予定である2010年が目前に近づいてきたその時に、開業して成功するためには必須項目となる「父親との関係の修復」が、次なる課題としてやってきました。

元々心理学系の勉強をしてきていましたから、「親との関係」が自分の人生に大きく影響することや、「父親の人生をどう見ているか」がビジネス上の成功とどのようにつながっているかは理解していました。でも、上京してからすっかり疎遠になり、ほぼ絶縁状態だった父との関係をどのように修復したらよいのか見当もつかず、忙しさを理由に見てみぬふりをしていたのです。

私の父親は地元の大企業に勤めていたのに、私の高校卒業時に早期退職して起業し、そして見事に失敗しました。元々技術職で職人肌が強く、経営者向きではなかったのだと思います。会社の経営状況が厳しくなるにつれて母親との関係も険悪になり、私が研修医になった時には両親は別居状態でした。

頼りにならない父親の代わりに、私が一家の大黒柱にならざるを得ず、自分の中で「父」という存在を完全に封じ込めて生活していました。

でも、そのままでは自分が開業しても「鳴かず飛ばずで経営が苦しくなる」ことは目に見えていました。なぜなら、親の人生をネガティブにとらえていると、子どもは無意識のうちに「親よりちょっとダメな人生」を歩もうとするからです。

親の人生を否定的に見ている状態で、自分だけが成功したり幸せになったりすると、親の人生がさらにみじめに見えてしまいます。子どもの立場で親の人生は否定したくないわけですから、自分の人生を親よりも「ちょっと不幸」や「ちょっと大変」な状況においておこうとします。そのからくり自体は知っていましたから、何とかして父親と和解し、父親の人生に対する自分の捉え方を変えたいと思っていました。

父親との関係修復
——最後の親孝行——

ちょうど、「そろそろ自分の家族を持ちたい」という気持ちも芽生えてきた時期であり、「幸せな結婚をするためにも開業して成功するためにもこのままじゃダメだ！」と一念発起して、絶縁状態だった父親に一通のメールを送ったのです。

「何があったというわけではないんだけどね、今度講演で広島に行くから、ランチでもしない？」と。いつもは全く返事を返してこない父親から、この時だけは即レスがありました。絶縁状態になってから数年たっていましたから、本当に久しぶりに父親と一対一で食事をしたのです。

この時に父親がポロッとこぼした、「いくつになってもどんな時でも、親は子どものことを気にかけているもんなんだ」という一言が、それまでのわだかまりをすべて溶かしてくれました。「愛情の反対は無関心」と言いますが、私は父親が私たち子どもに対して「無関心である＝愛情がない」と勘違いしていたのです。

話の中で、父が「日本男児たるものそう言ったことは口にしないものだ」と言っているのを聞いて、「ああ、父には愛情がないのではない。愛情が私にとって分かる形で表現されていないだけなのだ」ということを理解しました。

実はこのランチの時に、私は直感的に「父はがんだ」ということを悟っていました。

父の顔つきが、がん患者さんのそれとそっくりだったのです。でも「あなたはがんですよ」とは言えないので、「ちゃんと検診受けてる？　胃カメラくらいは受けなきゃダメだよ」とだけ伝えて別れました。

その半年後に末期の食道がんと診断されたのです。ちょうどランチのすぐ後に、両親の離婚が成立したので、がんが発見された時には母親はすでに父親との縁が切れていました。必然的に、すべての任務は長女である私が引き受けることになります。

父親を自分の勤務先の病院に転院させ、父親の会社をたたむ手続きを行い、父が作ってきた膨大な借金をどうすればいいのか弁護士さんに相談しながら、日常業務を継続していました。おそらく、この時期がこれまで生きてきた人生の「最もどん底」の時期だったと思います。30歳そこそこでよくすべてを乗り越えたなと思いますが、この時の「どん底」体験があるからこそ、今この年になって少々のことが起きても大したダメージにならずに乗り切れてしまうのです。

病棟に勤務しながらの父親の看病はそれなりに大変でしたが、父から「大黒柱」の座を奪ってしまっていた私が、「娘」の立場に戻れるという奇跡的なチャンスでもありました。

父の会社を倒産させる手続きを進める中で、「あ〜、父は父なりに、何とかしようと頑張っていたのだな」ということが伝わってきました。

もちろん、経営者としてすべきことをしていなかったり、もっと上手なやり方があるのにそうしていなかったり、経営がうまくいかないそれなりの原因はたくさんありました。膨大な借金を作って、関係者の皆様にご迷惑をおかけしたことは「正しい行い」ではなかったかもしれません。それらの父の選択や行ってきたことを、「正しいか間違いか」というジャッジを一切せずに、ただ「あ〜、これが父の精一杯だったんだな〜」「父は父なりに、生きたいように生きたのだな」と思えた時、初めて父を心から「許す」ということができたのだと思います。

父の葬儀には予想以上に多くの方がいらしてくださり、そして、父の死を心から悲しんでくださっている光景を見て、「人は失敗しても受け入れてもらえるのだ。失敗しても愛されるのだ」ということを実感しました。この「失敗してもよいのだ」ということを学んだ上で開業できたことは、非常に重要なポイントであったと感じています。

父を看取った後は、予定通り2010年の開業に向けて準備を進めていきました。実は、父が他界する数か月前に現在の夫との出会いがあり、私の「最後に『花嫁の父』という役割を父に果たさせてあげたい」という希望を受け入れてくれたため、父が動けるギリギリのタイミングで結婚式だけはあげることができていました。

「せいで」をやめたら、未来は変わる

開業準備を進めるにつれて、次なる課題としてやってきたのが「妊娠のタイミングをいつにするのか」ということでした。当時の自分はもうすぐ34歳になるというタイミング。医学的には「ほかの事より妊娠を優先した方がいい年齢」に差し掛かっています。職業柄、その時期から妊娠を先延ばしにするデメリットは重々承知していました。一方で、開業してすぐに出産の時期が来ることが、病院の経営に対してプラスには働かないであろうことも理解していました。

この時私はある疑問を抱いたのです。「なぜ女性だけが『二者択一の人生』を歩まなければならないのだろうか。こんな時、きっと男性は『妊娠があるから開業を先延ばしにしよう』とも『開業があるから妊娠は控えておこう』とも悩まないはずだ。女性だけが『どちらかしか手に入らない』と考えるのはおかしい」そう思ったのです。なので、「両方手に入る人生があってもいいのだよ」ということを自分自身が実践して見せようと思い立ったのです。

妊娠を先延ばしにして後悔するリスクと、妊娠と開業を同時進行にして後悔するリスクと、どちらが「取り返しがつかないか」を考えた時、迷わず後者を選びました。

自分の妊娠・出産のせいで経営がうまくいかなくなったら勤務医に戻ることもできる。万が一、出産に伴う何らかの医学的トラブルで死亡したり仕事ができなくなっても、家族に金銭的な迷惑がかからないように、十分な保険をかけておけばよい。妊娠中の何らかのトラブルで、長期入院が必要になったら、代診の医師を見つけるか、1〜2カ月休診にして産後に再出発すればよい。

父もああやって許されたのだ。だから自分も許されるはずだ。そう考えて、あらゆるケースをシミュレーションした上で、開業前から妊活を開始しました。

幸い、開業予定の2か月前に妊娠が成立し、開業日にはつわりも治まっていたので、穏やかに開業の日を迎えることができました。出産の日は、「社会的計画分娩」でコントロールするという方法もありましたが、私個人の考え方として「産まれる日は本人に決めさせたい」という希望があったため、自然に陣痛が来るのを待つことにしました。偶然にも、週明けから代診の医師が来てくれるというタイミングで、最後の診療を終えて「もう、いつでも出てきていいよ」とお腹をさすったら陣痛が始まり、病院に到着してからわずか1時間半でスルッと生まれる超安産という経過でした。

まさに「案ずるより産むがやすし」だったのです。

産む8時間前まで診療を行い、退院して翌日から復帰したので、産休期間はわずか1週間です。もちろんこんな無茶を他の方にお勧めしているわけではありません。

ただ、「何とかできる方法がないだろうか」と考えることが、欲しいものをすべて手に入れる突破口となりうることを知っておいていただけたらなと思います。

「子どもがいるから無理だ」「体力がないから頑張れない」「経験がないからできるはずがない」…できない言い訳を並べて「無理だ」と結論付けることは簡単です。でも、何かの「せいで」と考えている限り、欲しい未来は手に入らないのです。

もしあなたが、「〇〇のせいで」と思っていることがあるとしたら、それを「〇〇だけど」に変換してみるだけで、違う未来が見えてくるはずです。昨日あきらめた何かを、今日一つだけやってみる。そんな小さな変化も、積み重なれば、未来を大きく変える力になります。ちょっとだけ「せいで」をやめて、自由に未来を描いてみてはいかがでしょうか。

清水なほみさんへの
ご連絡はコチラ

PART 9

「せいで」をやめて「おかげで」に変えると自由な未来への扉が開く

日本酒嫌いだった私がコロナ禍でも日本酒酒屋を起業した理由

日本酒酒屋オーナー

白幡由紀子

株式会社酒守蔵代表取締役。北海道旭川市出身。シングルマザーで3人の子育てをしながら、日本酒酒屋「酒守蔵(しゅもぞう)」を経営。生活保護を受けながら、某化粧品メーカーや医療事務、飲食店など仕事を掛け持ちして忙しい日々を送る中、飲食店でのお客様から苦手だった日本酒を勧められ飲んだときに美味しさに衝撃を覚えたのが始まり。その後、開業予定の日本酒専門店の店長を任され、お酒や開業の勉強をする。さらに、酒蔵の実情を知り、起業に興味がなかったものの、「酒蔵を守りたい」という想いから独立を決意し「酒守蔵(しゅもぞう)」を開業。

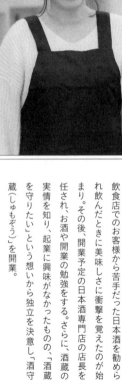

「日本酒ほど人との繋がりを感じる酒はない」
そう感じたのは20年ほど前のことでした。

人生の転機は「日本酒」との出会い

私は北海道旭川市で生まれ育ち、２０２１年現在、長女22歳、次女15歳、長男10歳の母子家庭の母です。以前まで生活保護を受けながら3人の子供の育児や家事、仕事をしながら毎日忙しい日々を送っていました。某化粧品メーカーや医療事務などをしながら飲食店でも働くなど仕事を掛け持ちでしたり、時には学校へ通い、パソコンと簿記の資格を取りました。当時を振り返ると、本当にめまぐるしい日々だったと思います。それは「生活保護を早くやめたかった」という私の目標があったからです。

祖父が生前、ボソッと言った「生活保護を受ける生活は嫌だな」という言葉が耳に残っていました。だから、がむしゃらに働きました。毎日毎日、働きました。

しかし、私も人間ですから疲れてしまう時があります。そしてその疲れを癒してくれていたのが、飲食店でのお客様との会話でした。

ある日、いつものように飲食店で働いていると、一人のお客様が「一杯どうだい？」と熱燗をすすめてくれました。日本酒は若い時めちゃくちゃな飲み方をしたせいか苦手でした。けれど、日本酒をすすめてくれたお客様がいつも美味しそうに熱燗を飲んでいるのを見ていたので、一杯いただくことにしました。口に酒を含むと、米の甘さをふわっと感じました。昔飲んだイメージが一瞬で消え、その瞬間「美味しい！」と思わず口走っていました。

それからの私は、外食事に日本酒を欲しがるようになっていました。酒のうんちくもあるけれど、何より注ぎあうこと分け合うことで、その酒が何倍にもおいしく感じられるのです。そうやって私は日本酒と食を楽しむ機会を増やしていきました。

そんな日々を過ごしていると、日本酒が好きな酒屋の社長さんとお話しをする機会が訪れました。お酒の会話で盛り上がっていると、社長さんは突然、「実は前々から和酒専門店を出したいと思っていて、その2号店和酒専門店の店長になってみないか？」と私に言ったのです。

もちろん興味を持ちましたが、お断りをしました。何故なら生活保護を受けていること
もありましたし、子供がまだ小さいので急にお休みをしなくてはならないこともあり、何
より店長という肩書を背負う程の器量も力量もないと判断したからです。
それから約1年間、社長はお店に通ってくれて、その度に日本酒の魅力を伝えてくれま
した。話を聞いているうちに、日本酒に関わる仕事が段々したくなってきました。
その後、気持ちの芽生えも後押しして、私は日本酒専門店の店長になる事をついに決断
しました。決めたと同時に生活費は足りないですが、生活保護を切ることにしました。念
願だった生活保護を切ることができたのと、これからの未知なる挑戦に心が踊ったのを今
でも覚えています。

その後、生活は一変。午前中からお酒の勉強はもちろん、覚えることが沢山増えました。
それと並行して店のイメージの構築、店名作成、お店のコンセプト決めなど。また、デ
ザインというものは言葉では伝わらず、私の頭の中の物を他人に頼んでも形になるのに凄
く効率が悪いと思い、Ａｄｏｂｅの「イラストレーター」を自力で覚えました。ワードと
エクセルぐらいしか使ったことがなかったので、慣れないパソコン作業でのデザイン作成
には本当に苦労しました。

イラストレーターを覚えた私は、ありとあらゆる物をデザインし、お店のイメージアップに時間を費やしました。ドリンクリスト、酒の価格設定、オリジナルおしぼり、箸置きなどもデザイン作成しました。こうしてあっという間に半年が過ぎ、なんとか開店の準備が整いました。

開店までは様々な人との出会いや新しい関わり合い、既存の従業員の理解、新しいスタッフの協力、そして私を信じてくれ、場を与えてくれた会社に感謝しています。開店まで長時間家を開けることもしばしば増えましたが、子供たちは忙しそうな私を見て協力的になってくれました。長女は家事を率先してやってくれるようになり、次女は誰よりもご飯を炊くのがうまくなり、長男は疲れた私に沢山の愛情を注いでくれました。時には寂しくて赤ちゃんのようにあまえる事もあったけれど、私の頑張りを感じ取ってくれているのか、誇らしげに私の仕事内容を同級生に話をするという場面もありました。

無事に開店したお店は販売ブースと立ち飲みブースがあり、連日沢山のお客様が来店してくれました。店舗のディスプレイなどを季節ごとに変えて、従業員の育成、立ち飲みの飲食メニューの見直しなど日々手直しを行いました。こうして私は大好きな日本酒に囲まれ、忙しくもあり楽しくもある日々を送っていました。

酒蔵の窮地に何ができるか

――新しい挑戦――

そんな順調なスタートを切ったのも束の間、新型コロナウイルスはやってきました。北海道は全国でもいち早くウイルス感染者が増えていき、自粛という動きになりました。それからはお客様の数が日々減っていき、少しでも売上をとお持ち帰りのメニューを打ち出すことにしましたが、売上は右肩下がりでした。そんな矢先、こころが痛くなるニュースが流れてきました。それは、歴史ある酒蔵の廃業のお知らせでした。

以前から酒蔵には協力できる団体や組織があればいいなと思っていました。何故なら営業マンなどがいる酒蔵はごく一部で、ほとんどの酒蔵は杜氏や社長自ら営業して一人二役というのが当たり前になっているからです。一生懸命美味しい酒を造るプロであっても、それを売り込むプロではありません。営業だけでなく、ラベルのデザイン決めやお客様の対応など、多彩でないと出来ない仕事量なのです。

酒造りの文化は江戸時代から受け継がれてきて、全盛期には国税の3分の1を占めるほどでした。酒がいかに日常の食文化になっていたかは想像がつきます。現代はどうでしょうか。ビールやウイスキー、焼酎などが沢山ある中、全ての酒税が国税を占める割合は3%も満たしていません。

酒屋を始めてから知ったこの情報は、私の行動力になりました。酒屋の店長としてできることは何か、発信できることは何だろうかと、色々模索しました。でも結論は出ず、完全なるシステムが必要だと思いました。それと同時に私の立場で耳を傾けてくれる理解者が少ないという現実にもぶち当たりました。まずは行動しないと始まりません。

自分の声を聞いてもらえる環境が必要です。そう心に決めたのが酒屋起業の出発点でした。それから私は店長という役を降り、新しいスタートラインに立つ準備を始めました。

私は起業に関して興味がなかったので、とりあえず「起業するには」と検索し、手探りで登記の仕方などを見あさりました。そして最初の大事な仕事は会社名の決定です。色々考えましたが、酒蔵を守りたいという自分の想いを込めて「酒守蔵」(しゅもぞう)と決めました。

それからは店舗の場所決めにしばしの時間を費やしました。最初はテナントの空きを見つけては覗くという、通りすがりの人から見たら怪しさしかない手段で探していきました。しかし、希望の大きさや間取りが想像つく店舗にはたどり着きませんでした。

そんなこんなで1ヶ月ほど経ったある日のこと、私は店長時代に知り合いになった一人の人の存在をふと思い出しました。その方は旭川を中心として空き物件を敷金礼金ゼロで貸し出したり、リノベーションしてアーティストを呼んで芸術の場として貸し出しをしていたり、これからの未来ある人達に希望を与えてくれる活動をしている方です。その方にすぐに電話をして、酒屋を起業したいことの旨を伝えると、快く物件を紹介してくれました。彼が紹介してくれた物件は総合シェアオフィスでした。5、60年前には味噌などを造る工場の一部だったそうです。2階はフルリノベーションの真っ最中で、どこか北欧っぽさがあるそれは素敵な建物でした。1階部分は手つかず状態。広々とした空間の中、古びた柱が空間の真ん中に四本存在感を出したっておりコンクリート剝き出し。壁も壁紙すら張られていませんでした。それでもわたしはここに決めました。何故なら、味噌というものは麹を使いますが、日本酒にも麹を使うからです。その共通点に惹かれました。

それともう一つ決定打にするものがありました。決して立地的には大通りに面していないし、すぐ見て何が入っている店舗かもわかりませんが、そこは一本隣の道の家に小学校二年まで私が住んでいた場所だったのです。近隣を見渡すと、ここには駄菓子屋があったな、裏のおばちゃんの家に翌日遊びに行ったな、など場所にも愛着があり、私はここしかないと思いました。場所が決まったことで、企業に向けてやれる事が格段に増えました。

熱意で未来を切り開け
―― 伝統を守る ――

日本酒を取り扱うには2通りのパターンがあります。一つは酒問屋と取引をして、その問屋で扱っている酒を仕入れる方法。もう一つは特定流通の銘柄を持っている酒蔵と直接交渉し取引をしてもらう方法です。「酒守蔵」では主に後者の直接取引にて仕入れをしていますが、実は新座者の私にはハードルの高い行為なのです。

まず取引したい蔵を何蔵か洗い出し、メールでの挨拶。それから電話での挨拶とアポイント取り、そうしてやっと蔵に行けることができるのです。もちろんですが、日本酒の蔵は日本酒の管理がきちんとできるか、財政的にきちんとできるか、酒の知識はあるか、そして人柄、会社内容などを見られます。開店前の私の店舗は、もちろん何の情報も伝える手段がなく、只々熱い思いを伝える事しか出来ません。

でもやらなきゃ始まらない！　と強い意思を持ち、まずは私の想い「蔵を守りたい」という原点になった思い入れの深い蔵、淡路島の「都美人酒造」に出向きました。

お伺いした蔵は、前職の酒屋で扱っている銘柄でした。断られることを覚悟の上、先に前職の社長に了承得た後、訪問しました。そして、「都美人酒造」の杜氏、社長に熱意を一生懸命に話しました。すると驚くべきことに、「先に取引している酒屋の了承を得たらOK」というお返事でした。それから蔵の方で前職の会社に連絡していただき、快く「2店舗で応援していきましょう」という運びになりました。そこから私は、3泊4日で関西地区四蔵周り、熱意を伝えるという方法で契約を取っていきました。

その一つ、京都府城陽市にある「城陽酒造」。その酒造の梅酒を知ったのは、20年以上前に関西出身のお客様が手土産に一升瓶の「青谷の梅」を持って来てくれたのが出会いでした。濃厚かつ切れ味がよく、香り豊かで甘いものが苦手な私でもサラリと飲める梅酒の出逢いは衝撃を受けました。この後、特定流通銘柄とも知らず、私は市内の酒屋全店に問い合わせたのを覚えています。その当時は、これからの未来に酒屋を自分で経営するなんて1ミリも思っていませんでした。そんな手土産話にも花を咲かせ、私の想いも通じ、快く取引を受け入れてくれました。

それから、京都府のとある酒蔵に出向きました。その蔵はとても小さな蔵で、一度は酒造りをやめていた蔵でした。ここでは蔵仕事を見ながら日本酒をいただける空間があり、それは日本酒ファンにはとても素敵な空間です。杜氏は私の話に親身に耳を傾けてくれ、一度旭川の私のお店に訪問してくださると、とても光栄なお返事を頂きました。

この蔵は生産量も少なく、取引先の注文数も対応することが困難なくらいの酒蔵で、洗練された味わいにファンも絶えない蔵です。そんな蔵が数か月後に、取引はまだできないですが少しでも北海道の方にと、日本酒を1ケース送ってくれました。この気持ちに感謝し、酒業界に関わって幸せでいっぱいの気持ちになったのを覚えています。

忘れられない味を求めて
―― 揺るがない日本酒への想い ――

店舗のデザインは一からのスタートでした。元々ギャラリー等の貸出目的だったスペースなので、一切手つかずの状態で空間デザインをしなければなりませんでした。空間デザインの経験はありませんでしたが、以前の職場で洗面所、手洗い、印刷物のデザインなどを手掛けていた経験を活かし、イメージを膨らませ、動線の確保やディスプレイ、陳列棚、レジカウンター、酒貯蔵冷蔵庫などを少しずつ絵に描いていきました。また、以前からラッピングに力を入れたかったので、包装紙やショッピングバック、包装台もデザインしました。

それにしても、ゼロから物を創り上げるというものはこんなに脳みそが疲れるものなのかと実感しました。自分の中のイメージは、「飲める酒を最初に作った」という地域の諸説を元に、京都っぽさを感じる内装でした。一つ一つは好きなデザインでも、内装完成時に全ての物がしっくりくるものに仕上げるには、この期間四六時中、イメージを強く持ち続けるモチベーションが必要でした。

そして、全ての確認作業が最終に入ろうとしている時期に、私は新潟に飛びました。新潟は酒蔵の宝庫です。目的は、どうしても忘れられない日本酒があったからです。

そのお酒には飲食店に勤めている時に出会いました。日本酒好きを知って、手土産で頂いた酒が衝撃を受けるほど美味しかったのを未だに覚えています。その酒は、ほのかな香りそして米の旨みがあり、後味はスッキリして雑味が全くありません。料理を邪魔することなく、優しい存在感もあり、飲み飽きの全くしない酒でした。取引ができるとは思っていませんでしたが、どうしてもあの酒がどの空気を吸って、どの様な土地で作られているのか見ておきたかったのです。

蔵は樹木に囲まれ、川が流れその中に存在感がある佇まいでした。話を聞いてくれたのは長年、蔵の営業をしている方でした。彼ははっきりした口調で、淡々と蔵のコンセプトを説明してくれました。話を聞いて、益々この蔵の魅力を再認識しました。曲げない揺るがない精神があること、酒への想い、販売店との繋がりを強く感じました。

しかし、商売というものはなかなか理想だけではやっていけません。ここまで来るのに、長年信じてきたものが形になり、一本杉のようにどんなときもそこに変わらず立ってきたのだろうと思いました。それを実行している事、守り続けていることに感銘を受け、営業マンの彼には何か硬い鉄のような棒が入っているかのように感じました。

そんな彼に私がどうして酒屋を始めたのか、これからどうしていきたいのか、自身のお店はどうありたいのかを聞いて頂きました。自分の感情を抑えきれず、少し泣いてしまったのを覚えています。ひよっこのような私の想いに耳を傾けてくれた事に感謝しています。

もちろん取引という話にはなりませんでした。それも当然、この蔵は新規の取引を20年程行っていないのです。たとえ取引ができなくても、私は彼に話を聞いてもらえたこと、その土地に行けたことで充分幸せでした。

私の今回の新潟旅はこの蔵のみの予定だったので、飛行機の時間まで空いていました。営業マンの彼にその旨を伝えると、「何か肌で感じるものがあるかも知れない」と、近隣のその蔵が取引をしている酒屋を何軒か案内していただけることになりました。

一般的な酒屋というのは、ぎゅうぎゅうに酒が陳列されているイメージです。一方、案内された店舗は一見酒屋ではなく、旅館や料亭のエントランスのような店舗でした。片隅に酒のダミーボトルが置いてあり、まるで時間がゆっくりと流れる感覚に陥りました。

その後も何軒か酒屋を案内してもらいました。案内してくれた酒屋は何処も方向性がしっかりしていて、私は何故かどの店舗も居心地が良かったです。そして、目に見えないインスピレーションを感じ、ここに来た価値があったと思えた時間でした。

開店まであと少し
――理想のお店づくり――

貴重な経験をさせていただき、北海道に戻りました。私はお世話になった人達に挨拶に回る日々を送り、時間の許す限り、思いつく準備を整えていきました。

店内のディスプレイは間隔を開けてゆったりとし、冷蔵庫はぎっしり酒が並べられている秘蔵庫のイメージです。点検を何度か行い、納品になった日本酒を並べていきました。イメージ通りの店内が酒の陳列により完成していくと同時に心が踊りました。いよいよ開店だと実感しました。内装工事に関わる全ての人、開店まで応援してくれた人、そして理解し支えてくれた家族に感謝しました。

そして、翌日、開店初日は不安を打ち消す様に沢山のお祝いの花と来客で、店内は賑やかな雰囲気になりました。本当に感謝しかありません。開店から2、3日は忙しい日々が続きました。

しかし、エンドユーザーにお店を認知させるにはここからが勝負。私は日本酒の銘柄指定をしてくることに違和感を覚えていました。認知された銘柄でないと購買に繋がらないのです。

日本酒の蔵は1年を通して様々な商品が発売されます。日本酒を販売している蔵で1種類しか造りをしてないなんて蔵は無いのです。でも一般的には世間でよく知られている○○が美味しいと言われます。口にした一本だけで蔵のイメージが全て決まるのがとても切なく感じていました。そのイメージを覆す為、蔵のファンになってもらうため、「手に取らないなら飲む機会を与えればいい」そういった思いで、日本酒のサブスクを導入することにしました。

日本酒のサブスクでは、小瓶に詰めるという作業は酒税法的にアウト。なので、専用ボトルを販売し、そのボトルをお店に持ってきてもらい、その容器でお持ち帰りいただくというものにしました。お酒は日々、店側が決めた3種類の中から選んでいただくシステムにしました。そうして普段、手に取らないお酒を口にして、酒の思い込みの解消や新しい酒との機会を増やしていこうと思いました。日本酒のサブスクは珍しいということもあり、地方のメディアにも数回取り上げられました。こうして私のお店が少しずつ認知されていったのです。

北海道の酒蔵を守るために今できること

私の店舗のある旭川市に、北海道では最多の3蔵、酒造会社があります。北海道は開拓150年ほどだからなのか、移民してきた人が多いからなのか、他の地域より日本酒の地元消費率が圧倒的に少ないです。地元の酒蔵を応援したいという気持ちもありますが、旭川の酒蔵は問屋卸の商品がほとんどです。酒蔵との交流も少なく、酒への想いや酒蔵としての考えが酒販店に伝わりにくいのが難点になります。こうした流通もいいのですが、日本酒造りの酒蔵、問屋、酒販店が全て同じ方向に意識を持ち、情報の共有が円滑になることは現状では難しいと感じました。

お店がゆっくりと認識されていく中で、私は北海道の酒蔵を応援したいという気持ちが膨らんでいきました。旭川は北海道の真ん中に位置し、一見中心にも見える場所ですが、アクセスの不便さや人口の減少により、百貨店などがなくなるなど駅前が閑散としてしまいます。

一時期は動物園が注目され、スキー場が近隣に沢山あり、雪質もいいため夏冬問わずそれなりに観光客が来ていました。しかし新型コロナウイルスの影響はすさまじく、現在はほとんど観光客がいなくなり、飲食店も閉店に追いやられている所が多数です。酒屋は飲食店が影響を受けるとダイレクトに売上に反映します。

こうした現状を解決したく、近日中に開始しようと試みている企画があります。それは日本酒のサブスクにオリジナルデザインのコインを2枚つけて販売していこうという試みです。コインとは、理解していただいた飲食店で５００円のワンドリンクが飲めるコインです。期限はなく、そのコインで新たな飲食店を知るチャンスだったり、飲食店によっては普段５００円で提供していない飲み物だったり、つまみを一つサービスだったりお客様が得をするシステムです。飲食店はそのコインを私の酒屋で現金に引き換えられます。掛売の証明書の役割をもつコインという訳なのです。

この活動を広めていき、酒屋にとって大切な飲食店への繋がりを強化していき、かつエンドユーザーにも笑顔が溢れ日本酒を楽しむ機会を増やしてもらえればと思っています。これからの酒屋は飲食店、エンドユーザー、酒に関わる人々への情報発信の場でもあり、日本の食文化を支えてきた日本酒を広めて守り伝えていく立場だと思っています。

本来の酒屋はどうなのかは正直わかりませんが、私は心の温まった肌で感じたものをお客様に感じてもらい、ほんのひとときでも至福を感じてもらいたいです。それが私のテーマです。

蔵を守るシステムの構築の夢は諦めていません。まだ漠然とした妄想で現実的ではないのはわかっています。でもこの目標を持ち、それに向かい今出来ること、これからやるべき事やりたい事を一歩ずつ確実に実践していきたいと思います。

Part10　白幡　由紀子

新型コロナウイルスの影響はまだまだあると思います。何年こういった生活が続くのかは未知数です。ならば、この生活にあった酒屋をしていけばいいと思うのです。私は自分の酒屋を札幌にも進出させたいと思っています。道産酒の応援も含め、北海道の主要都市である札幌で北海道産の日本酒のみの販売店がしたい。そこでサブスクを実施し日本酒を広める事、北海道の酒蔵ファンを増やしていきたいです。今回導入する飲食店応援コインも販売し、北海道の飲食店を応援したい！そんな夢を持ち、私は今日も店頭に立っています。

夢は強く願い、それに向かって実行する事で必ず叶います。叶うと信じていたいです。この私の背中を見て、子供達が何かを感じ、強く生きていける事ができれば母として、一人の親として幸せを実感する事ができるでしょう。それまで戦車のように突き進もうと思います。

白幡由紀子さんへの
ご連絡はコチラ

PART 10

夢は強く願い、
今できることを一歩ずつ
確実に実践していくと
必ず叶うもの。

23歳で結婚相談所を起業し、31歳で事業売却した女性経営者が見据えるこれからの女性の生き方・働き方

ITベンチャーCEO
連続起業家

杉江綾希子

Archers株式会社代表取締役。20歳で結婚相談所に結婚カウンセラーとして就職。その後、23歳で結婚相談所「プリヴェール株式会社」を創業。成婚率が高い結婚相談所として、新聞・雑誌・TV、様々なメディアに取材をされる企業になり、創業7年で東海エリアナンバー1の結婚相談所に成長。2020年にはプリヴェール株式会社をM&A。現在は結婚相談所では解決できないユーザーの課題を解決するため、「誰もがリスク0で結婚相談所を開業できる」というコンセプトで新たに「Archers(アーチャーズ)」という紹介型マッチングアプリを開発。

働く女性が幸せになれるビジネス

「すべての人が平等で幸せな社会を実現したい」そのための社会の仕組み造りに挑戦している連続起業家Ａｒｃｈｅｒｓ（アーチャーズ）株式会社 代表取締役ＣＥＯ杉江綾希子と申します。婚活支援事業歴11年、今まで３００組以上の結婚をサポートしてきました。9歳で両親の離婚を機に「将来は起業家になる」と決意し、23歳で婚活支援事業所を立ち上げ、31歳でＭ＆Ａ。そして現在に至ります。

「すべての人が平等で幸せな社会を実現したい」という想いを持つようになったのはつい最近の事でした。20代の私は、「スタート地点が違ったって努力で差分を埋めて這い上がればいい」という根性論を信じており、偏った考えを持っていました。実際に私自身がそのような生き方をしてきたからこそ、自分を肯定したかったのだと思います。

ビジネスである程度成功し、富裕層と言われる部類に入ると、資本主義社会の構造が理解できるようになり、現在の経済システムに疑問を持つようになりました。どうしても格差が生まれてしまう仕組みの中で、労働者と資本家の格差はどんどん広がっていき、誰かが豊かになる事が誰かが損をする事に繋がっています。

根性論や努力できる人だけが得をするのではなく、「ビジネスの力で持続可能にお金が循環する経済圏を造ろう」と考え、2020年4月に三社目の起業でArchers株式会社を創業しました。

Archers（アーチャーズ）株式会社は、スマホ一つでいつでもどこでも誰でも収入を得るとこが出来るプラットフォームを創る会社です。第一弾のArchers（アーチャーズ）というスマホアプリは「誰もがリスク0で結婚相談所を開業できる」というコンセプトで、女性が妊娠中や子育て中でも活躍し収入を得ることが出来ます。私自身も仕事と家庭の両立に苦しんだ経験から、女性が起業をしても、結婚をしても、出産をしても…仕事人として、女性として、母親として、全ての幸せを手に出来る。それを証明したかったのです。

初めての起業は2012年、当時23歳でした。そして起業から1年後、24歳で結婚。25歳で第一子を出産しました。

さらに三社目を起業した時には、創業した翌月に第二子を出産しました。起業家歴8年、結婚歴7年、母親歴6年の中で、私は決して良い妻、良い母親ではありませんでした。仕事に人生の全てを捧げ、一家の大黒柱としての役割を担い、子供の事は夫に任せっきりでした。

残酷な選択のシーンはいくつもありました。「ママ行かないで」と泣く我が子を引き剥がして仕事に行く時や、子供の入院中の海外出張など。挙げたらキリがないくらい、「どちらかを選ばなければならないシーン」を沢山経験し、その度に私は「仕事」を選択してきました。

同じように仕事を選択する男性は世の中沢山いますが、男性だと「仕事を頑張っている」と評価され、女性だと「我が子が大事じゃないのか」と非難される時代でした。逆もしかりで、やりたい事がある女性が夢を諦め、結婚し、家庭中心の生活をしている人を何人も見てきました。

だからこそ、私のように仕事に振り切るか、諦めて家庭に振り切るか、そんな極端な選択ではなく、女性が仕事も家庭も両立しながら起業でき、幸せな暮らしができるようにしていくことが必要だと考え、Ａｒｃｈｅｒｓ（アーチャーズ）というアプリで、「アーチャー」という新しい仕事を創り出したのです。

9歳で決意した「起業」を実現させ成功へ

愛知県瀬戸市で生まれ、公立の小学校に通う普通の小学生でしたが、9歳の時に両親が離婚。父親が事業に失敗し、多額の借金を背負ったことが原因でした。これにより大好きだった父親とは二度と会えなくなり、「お金が全てを奪い去る」という経験をしました。

離婚して苗字が変わり、小学4年生から「杉江綾希子」になりました。内気でいじめられっ子だった私は苗字が変わる事をきっかけに、「強くなろう」と腹をくくり、9歳にして「将来は起業家になって家族を守れる存在になる」と決意しました。結婚後も旧姓の「杉江綾希子」を名乗っている理由は、この時の決意を忘れないためでもあります。

義務教育を終了するとき、早く「起業家になる」という夢を叶えたかったので、「高校に進学をせずに就職する」と伝えました。結果、母親や担任の教師に猛反対をされ、結局県立の商業高校に進学することに。しかし、9歳で決意した「起業家になる」という夢が15歳になっても16歳になっても実現できないことへの焦りや、高校生活を送る中で早く社会に出て仕事をしたいという欲求が日に日に強くなり、高校2年生の冬に退学しました。その後、一旦は事務員として就職しましたが、やりがいを見いだせず、終業後や土日は様々なアルバイトを経験しました。それでもなかなか自分で起業したいと思える仕事に出会えない日々でした。

そんなある日、結婚相談所の仕事について知りました。日頃から友人の恋愛相談を受けることが多く、その悩みが解決できたときの嬉しさが生きがいにもなっていたので、非常に興味を持ちました。まだ世の中に「婚活」という言葉が定着していない時代で、結婚相談所とは年配の方が人生経験を武器に働く場所でした。当時の私は20歳で独身だったので、採用はしてもらえないだろうと思っていましたが、熱意を伝え続け採用に至りました。

仕事を続けるうちに、「この仕事は人の人生の一部に好転的に関わることができる尊いことだ」と感じるようになり、初めて仕事にやりがいを見つけることができました。

ですが、仕事に対する思い入れが強い分、「もっと会員様に合わせたオーダーメイドのサポートが出来れば、成婚率を上げることが出来るのに」という憤りも感じていました。

結婚相談所の料金の相場は、年間平均30~50万円と高額ですが、本当に結婚できる人の割合は3~5%と言われています。実際に働いてみて、それが事実だという事が分かりました。「成婚率を上げる為には、システムを大幅に変えなければいけない。

だったらやはり、自分でやるしかない。」と、3年の勤務を経て起業を決意しました。
そして、2012年に名古屋市東区で婚活支援企業「プリヴェール」を設立。結婚相手の紹介だけでなく、会員様の自己分析、人生設計を通じて、「自己実現を目指した結婚」をサポートするサービスを提供しました。その結果として、創業から1年半、2014年1月までの入会者の実績で80.7%の成婚率を上げることが出来ました。

創業当初は電話帳から一軒一軒電話をかけて「独身の方はいますか?」と聞いて営業をし、1年間で会員数を100人にまで伸ばすという、泥臭い営業を一人でやっていました。やがてアルバイトを雇い、正社員を雇い、1年で15人も仲間が増えましたが、リーダーシップの無さから組織の統率が取れず苦労しました。

当時のスタッフは、私の祖母や母親と同年代の人生経験が豊富な50~70代の女性スタッフが中心で、私だけが20代でした。私が掲げた会社の理念は「どんな人でも必ず結婚できる」というものでしたが、価値観を統一できずストライキが起き、ほぼ全員退職してしまいました。残ったのは新入社員2名。私を含め3人で再スタートを切ることになりました。第一子出産直後の出来事で、慣れない育児の中、今まで築き上げてきたものが一瞬で壊れてしまい辛かったことを今でも覚えています。

東海エリア人気No.1！ 婚活事業で売上2億円達成！

その後、営業部を別法人として分社化し、B2B事業へ展開していきたかったのですが、上手くいかず撤退。赤字が続き、このままでは資金がショートしてしまうという状況でした。「今までと同じことをやるのではなく、新しいことをやらなければ。」と、経営戦略やマーケティング関連の本を読み漁り、奮闘する日々が続きました。昼間は営業や会員様のサポートをする現場の仕事をしていたので、夜中に睡眠時間を削り勉強するハードな毎日でしたが、それが出来たのは自分が心からやりたい仕事をしていたからだと思います。

勉強をしていくと、WEBサイトの表現方法次第で問い合わせ数の増大が見込める事が分かり、さらに立地の重要性も学びました。それまで月間の問い合わせ数は5件程度しかありませんでしたが、6倍の30件に増やすという計画を立てました。

そこで、ある決断をしました。それは、「名古屋駅の駅前に支店をオープンしよう！ 同時に、WEBサイトも完全リニューアルしよう！」という、思い切ったものでした。

立地とWEBサイトの問題を克服することが出来れば必ず勝算があると思っていたからです。しかしこの時は、倒産寸前の状況でお金もありません。とても融資をしてもらえる業績ではありませんでしたが、事業計画書を作りこみ、銀行に融資を頂くために何度も足を運びました。その結果、なんとか開店資金とＷＥＢサイトリニューアル資金、運転資金３ヶ月分の借り入れに成功しました。この時担当していただいた銀行の方には今でも本当に感謝しています。

何度も「もうダメかもしれない」「いよいよ倒産だ」という局面を迎えましたが、志半ばで諦めることはできませんでした。壁にぶち当たるたびに、「リーダーシップ」「マネジメント」「ファイナンス」「マーケティング」等、沢山の勉強と実験、検証、改善を繰り返し、なんとか乗り越えてきました。

そしてついに、名古屋駅前支店の開店と同時に、ＷＥＢサイトのリニューアルも完了しました。サイト公開後、新規入会予約のアポでカレンダーが埋め尽くされました。それも公開した初月から目標の30件は達成され、更に40件、50件と、どんどん増えていきました。業績はＶ字回復し、1年後には6倍ほどの広さのビルに3フロアを借りて引っ越し、更に3か月後にはトヨタ自動車関連企業が集まる刈谷駅にも支店を展開。さらにその3か月後には名古屋駅前支店の事務所が手狭になり隣のビルも借りるという急成長フェーズへと入りました。また更にその6か月後には愛知県三河地区のメイン駅にも出店し、「名古屋の婚活といえばプリヴェール」という認知を得ることに成功。2019年日本マーケティングリサーチから婚活・結婚相談所部門で【東海エリア人気ナンバー1】に選ばれました。愛知県では異例の、会員数1000人、従業員35人、店舗数4店舗、売上2億円という規模の会社に成長しました。

海外進出で気付いた世界の現状

2014年からは国際結婚事業も手がけ始めました。国際結婚事業は、現地での海外ウエディングのプロデュースも行うことで、売上の30%を占めるほどまでに成長していきました。日本人同士だけではどうしても限定的になってしまう縁も、多様な価値観の方とのマッチングで「お互いにピッタリと思える相手」との奇跡の出会いが数々ありました。

国内事業は私が不在でも回るような体制を整え、2019年からは海外展開をメインに活動し、アメリカ・中国・タイ・フィリピン・ベトナム・ミャンマー等、世界各地を飛び回りました。アメリカのサンフランシスコから、ミャンマーのヤンゴンに移動すると、景色がまるで違いました。

高い建物は全くなく、まだまだ発展途上ではあるけれど、とても治安が良いところでした。日本より暮らしが豊かでないことは明らかなのに、スマホでGrabを開き、配車予約をすると数秒で車が到着。この到着時間は、他のどの国よりも早かったのが印象的でした。海外出張の際に日常的に利用した配車アプリのUberやGrabを通して、これらのサービスが人々の生活に溶け込んでいるとともに、ギグワークでの働き方に価値があることを知りました。

実際に自分が利用するまでは、「知らない人の車に乗るなんて…」「知らない人と相乗りするなんて…」と、あまり良いイメージを持っていませんでしたが、現地で暮らしていると、それは電車やバスのように交通インフラ化され、無くてはならないサービスでした。

また、近隣の国から出稼ぎに来ているドライバーも多く、Uberドライバーの仕事のみで月収8000ドルも稼いでいる方もいました。日本では規制の関係でUber eatsという食事の出前を届けるギグワーカーのみが活躍していますが、海外では交通・ホテル・宅配・あらゆるサービスがC2C化されており、個人が個人にサービスを提供し対価をいただくというスタイルが一般化していました。

2012年から2019年まで、がむしゃらに働いてきましたが、世界を知って浦島太郎のような感覚に陥りました。「世界はすごいスピードで進化している」という事を実感し、間違いなく婚活ビジネスもC2C化するだろうという未来が見えました。その時私は各国にプリヴェールの現地法人か支社を設立しようと動いていたのですが、「婚活C2Cのプラットフォームを創れば、一気に世界に広げることが出来る」と気付き、方向転換を模索し始めていました。

しかし、ベトナム、ミャンマー等では、人身売買を防止するため、国際結婚の斡旋事業が現地の法律で禁じられていました。出張の際、現地に到着すると最初に、現地の弁護士や大使館を訪ねるのですが、ミャンマーの日本大使館で婚活ビジネス参入についての話をすると、現地の日本人担当者にとても驚かれました。

東南アジアでは「外国人による結婚の斡旋＝人身売買」というイメージが定着していて、貧困ゆえに娘を売らなければいけなくなった親、家族のために自ら遠くの国へ嫁に行くことを決意した娘がたくさんいるという現実がありました。自分の身に置き換えて想像した時、胸を切り裂かれたような気持ちになりました。

このことは、「結婚」の意味やあり方を改めて問い直すきっかけにもなりました。本来愛する人と幸せになるためにする結婚が、人身売買に利用されてしまうことのないような世の中になるよう、できることをはじめよう。大きな問題ではあるけれど、いつの日かそこへ到達できるよう戦っていこうと、決意を新たにしました。

人々の生活を豊かにし、社会を変えられるようなサービスを

これらの経験から、デジタルイノベーションで社会問題を解決する会社「Ａｒｃｈｅｒｓ」を、２０２０年４月に新たに設立しました。格差をなくし22世紀の幸せな未来を創るため、ギグエコノミーのプラットフォームを構築することで、人々の生活を豊かにし、社会を変えられるようなサービスの創出を目指していきます。

２０１２年に、恋活・婚活マッチングアプリ「ｐａｉｒｓ」をリリースしたエウレカ創業者の赤坂優さんと、同年にアナログな結婚相談所を開業した自分との差はここにあった

のかもしれません。

同じ婚活の分野でも、1000万人に利用されるサービスと、1000人に利用されるサービスでは規模が違います。「プリヴェール」という高い成婚率と、結婚後の幸せまでを見据えたカウンセリングができる相談員がいる素晴らしい会社を創れたことは私の一番の自慢ですが、この素晴らしいサービスを1000万人、1億人、10億人に届けたい！というのが私の新たな挑戦です。

日本の恋活・婚活マッチングアプリの位置づけは、まだまだ「出会い系サイト」とあまりポジティブな印象を抱いていない人も多く、その価値が正しく認識されていないですが、出会いに革命を興しました。私は世の中にそこまでのインパクトは残せませんでしたが、その分深く色々な方の人生に関わらせていただきました。「多くの方に利用されるサービス」と、「深く関わっていくサポート」の両方が合わさった時、新たな革命が興せると信じています。

これまで、8年間会社を経営してきて、マネジメントやファイナンス、マーケティングなどについて実践でも学んできた経験を最大限生かして、「すべての人が平等で幸せな社会を」という想いを実現していきます。これからは、東海エリアだけでなく「世界中の人の幸せに向き合っていこう」と決意を固め、また新しい挑戦へと奮闘しています。

２０２０年4月には家族を巻き込んで拠点を完全に東京に移し、息子も東京の小学校に入学しました。そして翌月5月に、無事第二子を出産することができました。コロナ禍での起業と出産とM&A。様々な事を経験しながら、実体験で「知識」という武器を身に着け、成長してきました。

23歳で起業した当初は、知識もお金も人脈も、何も持っていなかった私ですが、今は、知識もお金も人脈もできて、もうあの頃の何もなかった自分ではなくなりました。

これまで、数えきれないほどの失敗をしながら、何度も挫けそうになりながら、それでも立ち上がって、何があっても走り続けてきました。私は、目的を持ったとき、それを実現させるまで絶対に諦めません。誰よりも、目的を実現することに関して頑固なのではないかと思っています。

しかし、仕事以外の全てを犠牲にしてきたからこその成功でした。誰も私のようになりたくないだろうし、自分自身もこのような頑張り方は良くないと思っています。失敗例の反面教師にしていただけたらと思っています。

２０２０年までの日本は、女性が社会で活躍するには男性以上に努力をする必要がありました。２０２１年は、ジェンダー平等の考えがようやく日本にも浸透しつつあり、これからの時代は本当の意味で女性が活躍できる世の中になっていくでしょう。

「中卒」「女性」「母親」という当時の私は、さまざまなレッテルを貼られながらも、必死にもがきました。そんな私でも活躍できる仕事が、「婚活アドバイザー」という仕事でした。

自分の恋愛経験が人の役に立つなんて思ってもいませんでしたが、誰かの幸せに関わらせてもらえる素晴らしい仕事につくことができました。婚活実態調査２０２０（リクルートブライダル総研調べ）では、婚活サービスで結婚した人の割合は２０１９年が１３．８％と、この６年で６倍にまで上がっています。１兆円市場と言われる婚活マーケットは、まだ６６０億円（矢野経済研究所調べ）で、９０％が未開拓、これからさらに伸びていくことが見込まれています。

そしてこの仕事（アーチャーというギグワーク）は、新婚の方や子育て中の方が活躍できる仕事です。仕事と家庭の両立に苦しんだ経験から、女性が起業をしても、仕事も家庭も両立し、全ての幸せを手に出来る事を証明したかった。そのために、新婚の方や子育て中の方がスマホ一つで起業できるアプリ「Ａｒｃｈｅｒｓ（アーチャーズ）」を用意しました。「自分にはスキルが何もない」「働く時間が作れない」などと思わずに、ぜひ挑戦してみていただきたいです。

新しい時代 ～2021年の女性たちへ～

結婚相談所を経営してきて歯痒かったことは、サービス業なので平日の夜や土日祝日、大型連休が繁忙期のため、本来であれば一番婚活アドバイスが得意な新婚の方や子育て中の方が働きにくい環境である事でした。繁忙期である平日の夜や土日祝日に休むことができない仕事を、新婚の人や小さい子どもがいる人がやるというのはとても難しいことです。

それもあって、私自身、プライベートの犠牲の上に仕事が成り立っていました。お客様の幸せが、家族の不満につながってしまう矛盾をいつも抱えていました。

しかし、これからは企業に雇用されるという働き方より、スマホで好きな時に好きなだけ働けるという自由な「ギグワーク」の時代に変わっていきます。妊娠中も、産後も、育児中も、「出勤」という形に捉われず自宅でも旅行先でも、どこからでもスマホだけで仕事が出来てしまいます。

Ａｒｃｈｅｒｓ（アーチャーズ）のようにＣ２Ｃのスマホアプリは沢山あります。

クラウドワークス、ランサーズ、メルカリ、ストアカ、ココナラ、タイムチケット、エニータイムズ等、会社を設立するまでの事をしなくても、自分の好きな事を好きな時に好きなだけやって、収入を得ることが出来る時代になりました。

　これからは個人が活躍する時代だと言われています。ＳＮＳで自分をブランディング化し、情報を発信することでファンを獲得することも出来ます。今までは起業するという事が「いつかは…」という夢で終わってしまっていた方も、今すぐに始めることが出来ます。

　今まで私たち女性は、女性であるという事だけで諦めなければならない事が沢山ありました。それは、自分自身の夢だったり、やりたいこと等、様々です。２０２１年からはジェンダー平等の意識がようやく日本にも浸透し始め、時代が変わっていきます。全ての女性が仕事（やりたい事）も結婚も、子育ても、何一つ犠牲にすることなく、自分らしく輝ける事を心から願っています。

杉江綾希子さんへのご連絡はコチラ

PART 11

全ての女性が仕事も結婚も
子育ても何一つ犠牲にすること
なく、自分らしく輝ける
チャンスは目の前にある

6畳一間のアパートからスタートした学習塾を15年間経営している今だからこそ伝えたいコト

学習支援事業

高根澤弘恵

合同会社こども総合知育研究所代表社員。福島県で学習支援事業を経営。小中学生の進学塾、英会話教室、幼児教室、学童保育事業の4業種を手掛ける。大学在学中に就職活動で某学習支援企業に内定が決まっていたものの、ある人からの一言で内定を辞退。やりたいことを探すために多くのアルバイト面接を受け、アルバイト三昧の日々。その中で「塾講師」の仕事と出会い、独立を決意し開業当初は6畳一間のアパートからスタート。3年後には商店街にある店舗へ移転し、今では生徒数が約200名になり、2021年時点で開業から15年が経つ。

私の「志事（仕事）」は、人を喜ばせること。これが人生の「めあて」

あえて、小学生の頃に一日の目標を決めるときなどに使う、「めあて」という言葉で表現をさせて頂きました。目標っていうと、がむしゃらに頑張っているイメージがどうしてもつきまとう様な気がして、私は「めあて」という言い方をしています。なぜなら、楽しく軽やかに夢を叶えて行きたいと思っているからです。

私は現在、４業種の学習支援業を営んでいます。小中学生の進学塾、英会話教室、幼児教室、学童保育事業の４業種です。もともと「大きな会社にしよう！」と思って起業したわけではありません。むしろ「勧められたから、やってみた」というのが本音です。

以前は学習塾に勤めていた私ですが、特に会社に対する不満はありませんでした。毎日が本当に楽しかったです。時間を忘れて教材作りにワクワクし、子供達と触れ合い、成長する、成長させられるという感覚がとってもアクティブで、飽きるという感覚は全くありませんでした。むしろ毎日がワクワクドキドキの連続でした。

そんな私の独立という、大きな第一歩。背中を押してくれたのは、人（出会い）だったのです。

あなたには「理想の働き方」がありますか？　私は子供達のために、学びたいことややってみたいこと、チャレンジしてみたいことがたくさんありました。この当時から、もうすでに仕事とプライベートの区切りがなくなっていたように思います。いわゆる「ライフワーク」っていう考え方なのかな。プライベートと区切りがないというと、仕事人間と言われそうですね。

しかし、そうではなく、仕事がただのお金を稼ぐための手段ではなくなっていたということです。要するに、趣味みたいな仕事みたいな、なくてはならない私の活力源だったわけです。そんな私を見ていた、あるご婦人に「自分で開業してみたらいいのに。そんなに一生懸命なのだから」と言われたのです。

考え方って不思議で、高校へ行って、大学に行って、就職をするという流れが当たり前であれば、その流れの中に「自分の会社をつくる」という項目が入るわけもなく…。私は「えっ？　そんな簡単に人に言えちゃうことなの？」って面食らいましたが、素直な私は「やってみようかな」って、その時、思っちゃったんです。ワクワク感がもう止まらずに。仕事を辞め、中学生専門の学習塾を独立開校することになり、それから15年が経ちました。

人は何歳からでも変われる！
黒歴史からの逆転劇

開業当時は6畳一間のアパートからスタートし、3年後には店舗を借りて商店街へ出陣！生徒数100名塾へ成長し、第2教室を持つまでになりました。現在では約200名の生徒様とその保護者様から、毎日たくさんの気づきとワクワクを頂いています。

今も尚、楽しくてしょうがない！ってすごくありませんか？開業15年ですよ。声を大にして言いたいことは、「会社を大きくしよう！」と思って戦略的に経営をしてきたわけではないということ。特別運が良かった、戦略がうまくいったからだ、そう思われたくないので言わせていただきました。

この頂いた執筆の機会で、私に何が伝えられるのだろうと、しばらく悩みました。そして結論、私が伝えられる思いとは、「子供達の無限大のパワー」と「人は何歳からでも変われる」こと。しかも！「人は、人でしか変われない！」ということに集結しているなと思ったのです。

実は、私…黒歴史があります。黒歴史と言えど、今の私にとって、その時代に経験したことは芸の肥やしというか、指導の肥やしになっています。教育者という立場から優等生だったのでしょう？　賢かったのでしょう？　そう思われることも多々ありますが、実際には「黒ギャル」というスーパーなギャル時代が私にはあったのです(笑)

どれだけ黒くなれるかが勝負で、どれだけ白を強調できるかが勝負だった時期ですね。なので、高校では進学校に入学したにも関わらず、学校へは月に数回程度しか行かない…なんていうこともしばしば。単位が危うくなって初めて通学し出す始末でした。そんなもので勉強はしませんでしたし、校則も守るわけはなく、進学校では破天荒すぎて「名物」というあだ名がついていたほどです。

そんな私が、学習塾の講師になるきっかけになったのは、やっぱり「人」との出会いでした。大学に入学し、卒業する時には少しはマシになっていたいと勉強も資格取得も頑張りました。その頃、難関だった某学習支援の会社への内定が決まった数日後、ある方からこう言われたのです。

「ほとんどの人が偏差値や学力で進学や就職をきめているよね～。でも、人生一度しかない。本当にやりたいことを探してもいいじゃないか。人生は一度きり。命がとられない限り、天命を全うする生き方もある。」

私自身、「本当にやりたいこと＝体裁や世間体」で決めていたことにそれまで気づかなかったのです。高校の時は、どうしようもない子だったけれど、やっぱりしっかりしていたな、力のある子だな、そんなふうに思われたくて、大学生活を無駄にしていないと証明するための就職活動だったのです。

それに気づいてしまった私は、翌日内定を辞退！　バイト三昧の日々の中から、何とかやりたいことを探そう！　そう思って、たくさんのアルバイト面接を受けました。そこで出会ったのが、この塾講師というお仕事だったのです。

迷った時は「ワクワク」する道を選べ

内定を辞退したときには、親にも親戚にも「無駄にしてどうするの？就職だってそんなに決まらないのに？何考えているの？やりたいことで生きていける人なんて一握りだから。」と、たくさんのことを言われました。でも、これからの未来にワクワクしてしまう私は痛くもかゆくもないという。ある意味、自分の気持ちに正直なところが長所かな？とも思います（笑）

この塾講師というお仕事に出会って、私は子供達と自分自身を重ねてしまう出来事がたくさんありました。モヒカンで塾にくる子、学校は休むけれど塾にはくる子、成績とは関係なく理想だけが高い子、自分よりも人のことばかり気にする子、他人の評価ばかり気にして自分を出せない子、大人は敵だと思っている子、大人はずるいと思い込んでいる子、自分を守るために攻撃性が強い子、嘘をつく子…、たくさんの子供達がいる中で、悩みのない子なんて1人もいません。むしろ、昔の自分と話しているみたいだったのです。

塾講師になり、1~2年目で出会った子供達は私にたくさんのことを教えてくれました。昔の私が出会った「人」で変わってきたように、「大人の思考がどれだけの影響を与えるのか」、それを私に結果として示してくれた子供達です。夢を見られる！ワクワクする！できる気がする！やる気になる！うまくいく気がする！そんな気持ちが、どんなに子供たちの原動力になるのか知っていますか？子供達にとって現実と理想でもがく時期。大人のマイナスは、とてつもなく足を引っ張るのです。

・だから〇〇だっていったでしょ！ママのいうことはあたるんだから！
・そんなことできるわけがないでしょ？
・無理しなくていいんだよ、志望校変えたら？
・高校に入ってから大変なんだから…
・現実をみなさいよ！

この言葉たちは、子供達の行動力を奪います。要注意なのです。
それよりも、

・できるかどうか、やってみたら？　応援する！

・そこまで頑張りたいっていうなら、最後まで付き合う！　頑張ろうな！

・高校に入って一番したいことは？　何したい？

・現実は〇〇、じゃ、これからどうする!?

こんなふうにワクワクすることが多い方が、子供達のモチベーションは上がっていきます。

実は大人も同じです。ワクワクする方が行動力はＵＰするのです。でも、あれこれ理由を付けたり、大人なのに恥ずかしい、もう〇〇な年なのにできるわけない、っていう線引きをしちゃうんですよね。子供達と話をしながら、言い聞かせられているのは私のほうだったのです。だからワクワクする方を選んで、私は独立することを選んだわけです。

子どもの成績ＵＰに必要なのは〇〇！

もちろん独立をしても、３か月生徒数０人、５か月目で1名入塾といったほどでした。そうです…私は戦略０だったのですね～（笑）そんな時にまた、先人の方々がいうわけです。「とにかく目の前のことに全力になること、目の前の人を楽しませること」

私は持ち前の素直さ（笑）で、その通りに実行するわけです。今、目の前にいる生徒さん、保護者様に得になること、精一杯できる最高のパフォーマンスをするわけですね。もちろん成績ＵＰが私の仕事ですので、結果を出すことはもちろんですが、それ以上にもっともっと楽しんでもらうことが大切なのです。

これまでに「とびっきりのワクワクと感動を」をコンセプトに、たくさんの企画をしてきました！

①心の偏差値ＵＰ講座

すごいですよ…勉強には関係がない、ただただ人生にワクワクして成功を生み出した、私が一番会いたい！　と願う講師を選出しているんです。これまでには、居酒屋甲子園の創設者、大嶋啓介さん、黒船カンパニーの中村文明さんをお呼びしています。あえて最高！自分良し、生徒よし！　保護者さんよし！　みんなでモチベーションが上がり、最高の会となりました。

②本物に触れる「留学プログラム」

学習塾なのに留学!?　すごいでしょ？　英語力不問！　本物を肌で感じる留学プログラムです。本物を肌で感じた子供達は、めちゃくちゃ最高にかっこよくなって帰ってきます！

③本当の意味で仲間になるためのとびきり企画

遠足企画…朝から晩まで、子供達も張り切ってはしゃぎまくる日です！　合格バスツアー…合格もしていないのに、合格したつもりで訪問しちゃバスツアー！ これは合格のイメージを膨らませるための企画です。ワクワクしたイメージは、どれだけのモチベーションと奇跡を生み出すか!? すごいパワーですよ！

ご紹介したのは極一例です。こうやって、子供達、保護者様のワクワク感創出をしているのです。全てが共知共感で、共に成長するための共育（教育）を目指しているからなのです。「塾の時間だけでは、足りない！」そう思った私は学童保育事業を併設しました。「心を育てて成績ＵＰ」というのが、ゆるぎない私の軸になったわけです。こうやっていつしか事業が大きくなり、今に至ります。

一歩踏み出せないあなたへ送る３つのメッセージ

ただただ目の前の人にワクワクとドキドキを提供していこうと一所懸命に進んできました。

その結果分かったことは、子供達が合格を勝ち取るプロセスも、大人が夢を叶えるプロセスも、何にも変わりはないということです。

①想いが形になる

「想い（思い）が形になるからこそ、想い（思い）描くことから始めなければならい」

私は現在、全国のママたちへ、コーチングなどのオンライン講座も開校しているのですが、このような話をすると、「想い（思い）がありません」「何をしたいかわかりません」という返答を頂くことも多いです。そんな方は本物に触れることから体感をしてほしいなと思います。感じる心を育てるということです。

現代では、本能（欲や感情）を抑える、気持ちを抑えることを存分にしてしまっている方も多いと思います。だからこそ自分が望むことに鈍感になってしまっている方も多いのです。子供達も同じで、ルールからはみ出さない子が重宝されるのは事実ですね。

これまでの時代・社会はそれで通用してきたのですが、これからの時代はマニュアル通り、ルールが守れるだけでは生き残ることができない社会です。だから教育改革が行われたのです。２０２０年の教育改革は、単なる科目増やテスト形態が変わったというような改革ではありません。育てる人材を教育ごとまるっと変えなければならないからこそ行われたものなのです！

②できないことは、思いつかない！

「思いついた○○してみたい」できないことは、思いつかない！

子供達と志望校の話をしていると、○○高校に行きたい！と、受験期始まり当初は行きたい高校を堂々と話してくれます。でも、現実味を帯びる時期になると…ガラッと変わって、行ける高校へと話がシフトしてくるんです。

本音は違うのですよ。本当ならA高校に行きたくても、いけそうなB高校の話をするわけです。そして、それが第1志望へと変わってしまうのですね。

「うまくいかなそうなら、あきらめる」大人にもありませんか？

よくよく考えてみたら…やっぱり○○が難しい、○○がきっと無理だろう、無理して○○しても、時間の無駄…できない理由を並べることを、あたかもそれが筋の通った立派な正論として発表し出すわけです。

やり切って目標や夢を変える子は、この理由付けをしている暇がないくらい一所懸命やっているのです。一日、少しずつしっかり前に進んでいます。3か坊主も1か月続ければ習慣になります。とにかく、やり続けている。

子供達のこの心の壁を取り払うために、必死でコーチングを学び、学力をツールとして知育コーチングを確立してきました。子供達はやり続けることで自信をつけ、がむしゃらになることで不安を解消しているのです。

大人も同じ、続けること、不安であるなら、目の前のことに一所懸命になることで新しい景色が見えてくるはずです。何に一所懸命になったらいいのわからない方は、目の前の人に「ワクワクとドキドキ」を、そして「楽しませる」ことです。それが、家族でも、友人でも、会社の同僚でも最高のパフォーマンスを。

一生懸命になりすぎたら疲れるじゃん！という方、そうですね。確かに。でも、一日1つのワクワク提供から始めてみてくださいね。

そして、夢があるけれど一歩がなかなか踏み出せない方は、ぜひ、この言葉を「できないことは、思いつかない」です。できていないと感じているなら、やっていないだけかもしれませんね。勇気は「言う気」。誰かに夢を語るところから始めてみてはいかがでしょうか。

③自分への応援者をたくさんつくること

子供達も受験期は、大きな大きな不安と葛藤しています。どんなに点数を取っている子でも不安がよぎります。これは不安に思うな！と言っても、ここまでやってきたのだから大丈夫！そう言い聞かせても、全部を払しょくするのは無理です。

でも、この不安をやっつけてくれる最高の力の源、いわゆる王者の剣のごとく、最強の力を与えてくれる一発的中の力を発揮するもの。それが応援者の声なのです。し・か・も、損得のない新の声なんですね。

お母さん、お父さんからの応援の声、仲間からの応援の声、先生からの応援の声。この声は最強の剣（つるぎ）です。だから、よく受験日近くなると最後に子供達に話すことがあります。

「今までありがとう！最高の受験期を送ることができたよ。精一杯頑張ってくるからね。」

そんな感謝を伝えよう。ということ。

そうすると、「涙を流して喜んでくれた。お互いに涙を流して、励ましあえた。」そんな報告を頂くのです。口では恥ずかしくて言えなかったから、手紙を書いたよとか。

その感謝のエネルギーが応援という大きな力となって帰ってきてくれます。応援が欲しければ、まずは自分が感謝を表現することなのです。

やっぱり大人も同じ。自分1人で戦い抜けられるほど、人間そんなに立派ではありません。私にも最強のスタッフがついています。それぞれ得意があって本当にすばらしいです。自分の夢は、子供達の笑顔のために動くことと言わんばかりに、頼んでもいないのに休日出勤をするスタッフもいます。もちろんお給料も休日出勤手当がつきますよ。でも、それよりも最高の手当は子供達と過ごす時間です。通常とは違う特別な時間。

子供達のために、保護者への配慮もできる最高の気づきをもったスタッフもいます。見えないところを気づかせてくれたり、細かいことにまで気がついたり、本当に尊敬しています。

それがどれだけ最強なのか、たぶんスタッフ本人たちはさほど気づいていません(笑)けれど素晴らしい力の集結だなと思うのです。だからこそ、一人ひとりが輝ければいいなと、活躍の場が持てるように、私自身もがんばろう！と、またやる気になるわけです。

人生は自分でつくっていける

私はこれらのことを子供達から体感し、学んできました。だから教育は「共育」なんですね。子育ても同じく、育児は「育自」なわけです。

私には愛娘が1人います。我が子のために私ができることがあるとするならば、「人生は自分でつくっていける」その生き証人でいることだと思っています。

・良い教育を受けさせること
・教育資金をためること
・経験、体験のために時間を割くことなどなど

目先にとらわれてしまいそうですが、これらは土台の先にあることなのです。

思考や金銭感覚は遺伝すると言われていることを知っていますか？　これって、遺伝というより、習慣を見て感じているわけです。

冒頭にお話しした通り、子供達は出会った「大人」で変わります。人は「人」で変わるわけです。居酒屋甲子園創立者の大嶋啓介氏の言葉をかりていうならば…

「大人が変われば、子どもが変わる」

「子供が変われば、未来が変わる」

まさに…その通り、まず、変わるべきは「大人」であり、大人は人生をワクワクして進む、「幸せ案内人」であってほしいと願います。

皆様へ、最高の人生が「創出」できますように、心から願っています。

高根澤弘恵さんへの
ご連絡はコチラ

PART 12

迷った時はワクワクする道を進む。あなたが「幸せ案内人」になることで、子どもの未来は変わる。

学歴もお金もなかった私が３人の子育てをしながら日本中を飛び回る生活を送れるようになったキッカケ

アクセス・コンシャスネス・バーズ
ファシリテーター
ドテラ ウェルネス・アドボケイト

谷口りな

MIREY Japan合同会社代表。１９８７年大阪生まれ北海道在住。アクセス・バーズ・ファシリテーターや非常に高い品質のアロマオイルを使い自然な解決法を伝えている。17歳のときに周りの反対を押し切り、安室奈美恵などを輩出した沖縄アクターズスクール大阪校のオーディションを受け準グランプリを受賞。結婚・出産後、札幌でシンガーとしての仕事をもらえるようになり、ライブバーや結婚式での歌唱、ラジオ、ライブ配信など声を使う仕事で生計を立てる。しかし、コロナで仕事が激減しマイクの仕事を辞めることに。そのタイミングでアクセス・バーズと出会い、僅か半年で延べ３００人以上ファシリテートし、今では日本の女性へのエンパワーメントをテーマに活躍中。

女性の「エンパワーメント」をテーマに幅広く活動をしている「谷口りな」です。現在私は3人の子育てをしながら独立し、日本中を飛び回る生活をしています。結婚した当初は夫の借金に悩まされ、苦しい日々を過ごしていましたが、今では借金を完済。資産運用に資金を回せるほど、収益を上げられるようになりました。学歴もお金も無かった私が、一体どのようにビジネスを拡げることができたのかを綴りたいと思います。

自分の力で生きていく
――人生の責任を取れるのは私だけ――

1987年、大阪府堺市に産まれました。母は私を妊娠中に離婚。父親が居ない環境が当たり前だったので、母子家庭が嫌だと感じたことは一度もありません。私が5歳の頃、母は再婚をしました。「結婚してもいい？」と聞かれた時は、父親が出来るという出来事に喜びました。

その後、妹が産まれ、産後すぐの母はまだ5歳の私にメモを渡し、買い物に一人で行かせるようになりました。この頃から、「自分で何とかしなければ」という気持ちが芽生えたように思います。

しかし父親が出来て、幸せな生活はそう長くは続きませんでした。養父は身体を壊してから仕事に行かなくなり、パチンコに通い、さらに母に暴力を振るうようになりました。私が小学2年生の頃には「もう耐えられない」と、母の実家へ母と妹と3人で必死の覚悟で逃げました。

それでも養父はストーカーになって追いかけて、待ち伏せして暴力を振るいました。私はストレスから登校拒否の末、転校。母と養父は幾度となく話し合い、また同居をしたり別居をしたりを繰り返していました。

「同居しようと思うけど、どう思う?」と母はいつも私に聞いてくれましたが、「お母さんの好きなようにしたらいいよ。」と、いつも答えていました。「母の人生と私の人生は別。母には母の生き方がある」と、幼いながらに気付いていたのかもしれません。

小学5年生ぐらいの頃、今の私を彷彿とさせる出来事がありました。私は周りの友達と比べて、お小遣いをあまりもらっていませんでした…。その頃の私はビーズでアクセサリーを作るのが大好きだったので、ビーズで作ったアクセサリーをなんとかお小遣いにできないだろうか？と考えたのです。

それから、近所のフリーマーケット情報を聞きつけ、知らない大人が物を売っている横にビニールシートを敷き、透明の小さな袋に入れてラッピングをしたアクセサリーを販売しました。本当は出店料が必要だったはずですが、子どもだから微笑ましくみてもらえたのでしょう。そしてなんと、1日の売り上げは母から貰う1ヶ月のお小遣いより遥かに多かったのです。自分でお金を稼ぐ楽しさを初めて知りました。

物心ついた頃から人前に立つことが好きでした。5歳くらいの頃は、近所の盆踊りで歌を歌って、ジュース券を貰っていました。小学1年生になると、クラシックバレエに一人で通いました。発表会前になると、合同レッスンが隣の市であり、バスや電車を乗り継いで、一人で通いました。そして、小学4年生になると、大阪市内まで一人でオーディションを受けに行きました。この頃から、人前に立つ仕事がしたいと強く思い始めました。

ダンスユニット「SPEED」に憧れ、安室奈美恵さんや三浦大知さんを輩出した「沖縄アクターズスクール」のオーディションを受けたのは小学6年生の時です。

ステージで歌い踊るスクール生の姿に、自分の姿を重ねました。

しかし、レッスン費は初年度1年間で50万円。決して安い金額ではありませんでしたが、どうしても行きたくて、親に頼み込んで通わせてもらいました。

せっかく念願のスクールに通うことができたのに、その頃は自分の殻を破れませんでした。選抜メンバーになれず、キラキラしている人たちを「自分はそちら側の人間じゃない」と感じてしまっていました。人と群れることも苦手でした。その上、家庭内も複雑で、母が2度目の離婚を考えている最中でした。

「離婚したら、もうアクターズには通わせてあげられない。」と言う母に、「中学を卒業したら、好きなことは自分の力でなんとかするから。どうしても離婚をして欲しい。」と頼み込みました。すると、母はすぐに離婚をしてくれました。

終わらない逆境と試練

その頃から私のアトピーや花粉症がとても酷くなりました。評判の皮膚科を転々としましたが、最も強力なステロイドさえ効かなくなっていました。学校にも行けない日々が続いていた頃、ステロイドや抗ヒスタミン剤、抗アレルギー剤を使わない、漢方治療がメインの病院を祖母が紹介してくれました。

幸いにもその病院は住んでいた大阪府内にありました。初診に行くと、とても派手なシャツを着た声の大きな先生が笑顔で、「絶対治したるから。治らんかったら家三軒買ったる！」と握手してくれました。その先生との出逢いが、日本の医療への私の考えを変えてくれました。結果的に、アトピーや花粉症の薬を全て手放すことが出来るほど症状が改善しました。感謝してもしきれません。

脱ステロイドをして、最初の3ヶ月は死にたくなりました。全身血だらけで、脱毛と細菌感染から発熱を繰り返していました。3ヶ月を過ぎた頃から少しずつ良くなっていきましたが、学校にはまだ行けませんでした。

家に引きこもり、インターネットの毎日。当時アクターズスクールの校長が建てた全日制のインターナショナルスクールが沖縄にありました。調べれば調べる程行きたくなって、資料を取り寄せてみると、寮費を含め年間300万程かかることが判明しました。どうしても行きたいと母に話すと、お金は払えないが自分で何とかするなら行っていいと言われました。

少し体調が良くなった私は、ミナミのキャバクラでこっそりアルバイトを始めました。化粧をして19歳と偽りましたが、誰にも疑われることはありませんでした。

私は小学生の頃から、日本の学校教育に疑問をもっていました。元々は正義感が強い性格で、学級委員や生徒会長をしていたのですが、いくら頑張っても小さな校則さえ変えることが出来ず、学校に行くことが面白くなくなってしまいました。

「お金を貯めて、絶対沖縄に行く。高校受験はしない。」

と母に言うと、毎晩大喧嘩になりました。それを聞きつけた学校も騒ぎ出しました。担任でもない教師に呼び出され、「あなたの人生には賛成できない。」と言われました。

周囲の大人から言われれば言われる程に、私の意思は固まりました。「大人の言うことを聞いたって、私の人生の責任を取れるのは私だけ。誰にも口出しさせない」幼少期からずっと我慢ばかりしてきました。何か言い返すと、「自分で食べていけるようになってから物を言え。」と言われてしまうからです。早く大人になって、大人として認められたいと思いながら生きてきました。

結局受験をせずに、中学を卒業。朝から晩までミナミでアルバイトをして貯金をしました。「夢に繋がる出逢いの為には、人が集まるところに行かなければ」と当時から思っていました。地元からの交通費がもったいなくて、アルバイト先で出逢った5つ歳上の彼氏の家に転がり込みました。だんだん自分の生活費を自分で賄えるようになり、大人になった気がしました。

上京して経験した大人の罠

17歳の頃、沖縄アクターズスクール大阪校のオーディションがあることを知りました。勇気を出して受けてみると準グランプリをいただきました。そして、特待生として全額免除でスクールに通わせていただけることになりました。

しかし、昔から憧れていたインストラクターやシンガーの方たちは残っておらず、ダンスがメインのスクールに変化していました。私はダンスよりも歌が学びたかったため、スクールが楽しくなくなり、次第に通わなくなってしまいました。

それから月日が経ち、少しまとまったお金が出来た18歳の頃。「東京に来ないか？」とプロダクションの方から声を掛けていただきました。その言葉を信じ、コツコツ貯めていたお金を上京資金にして、東京で一人暮らしを始めました。その後は、会社に言われた通りのオーディションに行く毎日。歌が歌いたいのに、歌の仕事は全然ありませんでした。

ある時マネージャーから、「とても良い歌の先生を紹介出来る。」と言われました。しかし、レッスン代は自腹とのこと…。当時、何が何でも音楽の仕事がしたかった私は、言われるがまま口座にお金を振り込みました。けれど、待てど暮らせどレッスンは始まりません。当時はインターネットで調べることもまだ難しい時代でした。

それからしばらくして、マネージャーに騙されていることに気付きました。日に日に手持ちのお金はなくなり、手持ちのお金は小銭だけ。ガスも止まり、水のシャワーを浴びながら、「このエピソードはいつか本にしてやる」と思っていました。あれから15年経った今、その想いが叶いました(笑)

ご飯を食べるお金さえもなく、困り果てた私は、大阪時代に働いていた居酒屋のお客さんに電話をしてみました。その方は全国各地に支店を持っている会社の社長だったのです。連絡をすると、その社長はすぐに食事に連れて行ってくれました。さらに、私の所属していたプロダクションに電話を掛けて話をしてくれました。

なんと、そのマネージャーは私以外にもお金を騙していた問題が浮上し、行方が分からなくなっていました。その社長のお陰で、プロダクションから数十万円は返してもらえることになりました。

それでも私は、そのマネージャーを恨みませんでした。もしあの時誘われていなかったら、私は東京に上京していなかったかもしれないと思ったからです。

でも18歳を騙してお金を巻き上げる人なんて、きっとロクな人生を歩まないでしょうね。そう思っていたら、数年後にボロボロの服を着た元マネージャーと原宿の駅ですれ違いました。その時、すっと胸のつかえが取れた気がしました。

その頃の私といえば、夜は六本木でホステスをしながら、アンダーグラウンドで歌ったり、読者モデルのようなお仕事をしたりしていました。また、当時お付き合いしていた会社経営をしている彼氏に「何かやってみろ。」と言われ、株式会社を登記させてもらいましたが、結局、何もしないまま終わってしまいました。歌以外にやりたい事なんて、全くありませんでした。お金を稼ぎたいという欲もなく、歌さえ歌えれば私は良かったのです。

震災で一変した私の人生

２０１１年３月11日、東日本大震災が起きた時、私は世田谷にいました。３月19日開校のボーカル教室を任されることになり、15時から始まる最終のテストを受けるためでした。ボーカル教室の本社に着いた瞬間、大きな揺れが起きました。公共交通機関は全てストップし、徒歩で数時間掛けて二子新地の自宅に帰りました。

帰宅するなりテレビをつけると、現実とは思えない悲惨な光景が映っていました。放射能の影響を心配した大阪の友達から、関西に帰ってきた方がいいと何度も連絡が入りましたが、計画停電でそれどころではありませんでした。原発が爆発している中、３月15日に出社を求められ、出来る限り完全防備をして、出社しました。

「よく来たね。実家に避難した人たちも数名いるよ。死ぬときはみんな一緒だ。」と年配の社長に言われ、唖然としました。

ある日、ボーカル教室の研修が終わる頃、六本木ホステス時代のお客さんが私の会社の近くまで来て下さり、避難を説得されました。しかし、自分のこれから進む道が見え、好きな歌がやっと仕事になると安堵していた頃だったので、絶対に諦めたくありませんでした。

「自衛隊の人たちや、東北で頑張っている人たちがいる。東京から離れる訳にはいかない。」と言うと、「歌はどこでも歌える。お前が命を張るのはここじゃない。」と言われました。その方があまりにも必死なので最終的に従うことにしました。自宅に荷物を取りに行ってから、大阪の実家に帰ることを伝えると、「アホか！」とそのまま品川まで無理矢理連れて行かれ、新幹線に乗るところまで見送られました。テレビでは「直ちに原発の影響はない」と繰り返し報道されていたはずなのに、新幹線の中には外国人の家族連ればかりでした。日本人に知らされていない真実が沢山あることを知り、メディアを全く信じられなくなりました。

大阪に帰り、寝て食べるだけの一ヶ月を過ごしました。経営者の知人に数名連絡をしてみると、みんな海外に避難していました。海外のニュースを教えてもらうと、「広島、長崎の原爆より被害は甚大。チェルノブイリの事故の頃は半径７００ｋｍ圏内でダウン症や奇形などが増えた。レベル７になったら、東京から撤退してもいいんじゃない？」とのことでした。

今まで、東京を離れようと考えたことはありませんでした。私は東京で生きていくんだと思っていましたから。でも、ふと考えてみました。実は私は「先天性総胆管拡張症」という病気を持って産まれてきて、２歳の頃、急に呼吸が出来なくなり、緊急手術によって生還しました。耳の先天性異常のための手術も何度も行いました。その後も、重度のアトピーやアレルギーなど、常に身体の不調とともに歩んできた人生でした。


「自分の子どもが私以上に何かを背負って産まれてきたとしたら？」

「私がこれから住む場所を変えることで、それを防げるかもしれないとしたら？」

そう自分に問い掛けると、答えは一択でした。

再出発で叶えた２つの夢

ネットの求人情報を探し、見つけたのは石垣島のリゾートバイト。すぐに電話を掛けて、その一週間後に飛び立ちました。２０１２年２月のことでした。一生住める街を探そうと思い、キャリーケースひとつを持って出発しました。

石垣島に5ヶ月住んでみると、もう少し都会に住みたいと感じました。そして次は、札幌へ飛びました。石垣島でお金を何度も盗まれたので、手持ちのお金は一万円程。もちろん片道切符です。知り合いは一人もいません。札幌に着いたその足で、すすきのの高級クラブの面接に行きました。無事合格し、その会社が寮として借りているマンションに翌日から住まわせてもらえることになりました。

札幌は、来るもの拒まず去るもの追わずな方々ばかりでした。住み始めてすぐに、この街が好きになりました。夏に移住し、冬を越え、やっぱりここに住みたいと思えたので、大阪のマンションを解約し、札幌に自分の名義でマンションを借りました。その時、25歳でした。

私は30歳までに子どもを産み終えたいと考えていました。婚活をしようと思い、良いなと思った人に声を掛け、食事に誘い、何か違うと思えばリリースを繰り返しました。その頃に出逢ったのが3歳下の今の夫でした。そんなこんなで、半ば私の脅迫まがいで翌年結婚し、そのまた翌年に長男が産まれました。

「もし、ひとつだけ夢が叶うとしたら何を叶えたい?」

震災後に自分に問い掛けてからずっと子どもを産みたいと思っていたので、ひとつノルマを達成出来た気がしました。そして次の目標は、昔から夢だった歌の仕事をする事。結婚前に札幌のボーカル教室で働いてはいたものの、妊娠を機に退職していました。次こそは、自分が歌いたいと思っていた、ちょうどその頃、札幌のゴスペルシンガーのご夫妻がお店を開くとのことで手伝わせてもらえる事になりました。やっと、札幌でシンガーとしてのお仕事がいただけるようになったのです。

そしてその後は、ライブバーや結婚式での歌唱、ショーステージのMC、ラジオ、ライブ配信など声を使うお仕事で生計を立てられるようになりました。

夫は出会った頃から「音楽の裏方の仕事がしたい。」と話していて、レコード会社の営業をすることになりました。しかし、初めていただいた給料が突然、差し押さえられてしまいました。すぐに信用状況を調べた結果、夫名義の借金や税金を滞納していたことが発覚。義理の実家に頼まれ、肩代わりしたものでした。

その頃、2人目の子どもを身篭ったばかりでした。私は家計を支えるため、臨月までステージに立ち、産後3週間でステージに復帰しました。収入が途絶えてしまうことだけでなく、自分のポジションがなくなってしまうことも怖かったのです。子育てをしながら、週5でステージに立ち続けました。

私は子どものために、ワクチンを打たない子育てや放射能、農薬、化学調味料、合成洗剤や柔軟剤などを避ける生活を選択しました。ママ友も居らず、孤独な育児でした。

「せめて自分の子どもだけは守りたい」と思ってきましたが、保育園の給食問題においてはそうも言っていられないことを悟りました。子どもに「牛乳を飲ませたくない」ということを保育士さんに認めてもらえなかったのです。悔しい思いをしました。世界的なモデルを中心に「ヴィーガン」が広がりつつあるという時代に、耳も傾けてもらえませんでした。

人に話を聞いてもらえるようになるには、人前にもっと出て、発信力をつけ、説得力を上げていくしかないと決意しました。SNSを強化するとともに、ミセスコンテストに出場すると「北海道大会グランプリ」を受賞。日本大会では、なんと「特別賞」を受賞しました。

ついに見つけた「自分の役割」

2020年2月、新型コロナウイルスのパンデミックが発生。緊急事態宣言でショーステージが激減し、思いっきってマイクの仕事を辞めました。当てはありませんでしたが、転機だと感じていました。そしてその時Instagramで見つけたのが、アクセス・コンシャスネス・バーズだったのです。

「アクセス・バーズ」とは、頭にある32箇所のポイントに触れることによって、脳波が瞑想状態になるようなツールです。巻では「脳の断捨離」とも言われています。思考がストップし直感的になり、今まで自分が抑えていた本来の想いに気付き、制限を超えた自分に出逢わせてくれるような感覚になれるものだと私自身は捉えています。

私は今まで自分の願望が叶いやすく、「どうしてそんなにイメージしたことが叶うのか」と訊かれることが幾度となくありました。その答えは、アクセス・バーズの座学のマニュアルの中にありました。

アクセス・バーズを伝えることは、自分の生き方に迷いを感じている人への道標になるのではないかと感じました。

施術を受けるだけでも効果を充分に感じますが、私自身がなにより座学に面白さを感じたので、講座を出来るようになりたいと思いました。一家に一人、アクセス・バーズを出来る人がいれば、世の中を変えることが出来るかもしれません。

2020年の春、SNSの規制が厳しくなり、社会や政治的な発信や自然派の考えについて発信すると、削除されたり、アカウント停止されかけることが増えました。そこで、すぐにアクセス・コンシャスネス・バーズ・ファシリテーターの資格を取得しました。「プラクティショナー」という施術者は、一対一の施術しか出来ませんが、「ファシリテーター」になれば一対複数に伝えることが出来ます。

当時、アクセス・バーズをInstagramで発信している方はほとんどいませんでした。まさにブルーオーシャン。投稿を始めると、すぐに問い合わせが殺到し、講座依頼が全国から止まらなくなりました。夫の借金を返せるのは今だと、20キロを超えるキャリーケースで全国各地を飛び回りました。そして、夏には借金を全て返済することが出来ました。

ちょうどその頃、予定外の3人目の妊娠が発覚しました。その後も講座依頼が収まらず、臨月まで北は北海道、南は沖縄と駆け回りました。コロナ禍で思考が優位になっている方や資格を取りたい方が多く、時代にピタリとハマったのです。何より私自身がアクセス・バーズに出逢って、今まで以上に自分の制限を外せるようになりました。資格をとって僅か半年程で、延べ３００人以上の方にアクセス・バーズをファシリテートしました。

全国をまわり、沢山の方にお会いして気付いたのは、自尊心の低さです。他人の私から見てもとても素晴らしい魅力に溢れる方ばかりなのに、自信を持てないという方がたくさんいました。どうしてなのかと色々問い掛けてみると、パートナーや幼少期に受けた親からのジャッジメントに大人になった今も苦しめられていました。経済精神ともに自立が出来ておらず、離婚をしたくても出来ないという方もいらっしゃいました。

自分らしく、自分の人生を自分の力で創っていくためには、「経済的自立」「精神的自立」「社会的自立」、この３点はマストだと感じました。もちろん自分次第ではありますが、この３点を全てカバーできるアクセス・バーズの世界を、これからも沢山の方に伝えていきたいと考えています。

そして、昨年出逢った普段の生活の様々なシーンで活用できるアロマの「doTERRA」。最初は自分自身の健康のサポートとして使っていたのですが、アロマや食事療法、日々のライフスタイルを整えたお陰で、今まで使っていた薬を全て手放すことができ、不快な症状が改善しました。

知れば知るほど面白く、自分自身がハマっていきました。楽しく使っていると周りから質問されることが増え、知らない間にこちらもどんどん拡がりを見せています。

遂に私の仕事が一人では回らなくなってきたので、今夏に法人登記をしました。今後は雇用を生めるよう事業を拡大していくことが目標です。

本来は皆、無限の可能性があります。様々な環境下で、そのことに気付く事が出来ない方に気付いてもらえるきっかけを作っていきたいです。子どもを救いたいのなら、まずは母親を救うことが必要です。アクセス・バーズだけではなく、歌やアロマや霊氣など、ツールに拘らず私の使える手段全てを使い、日本の女性へのエンパワーメントをテーマにこれからも活動していきます。年齢、学歴、女性だから…母だから…そんな言葉の枠に捉われず、全ての人が成りたい自分に成るための選択が出来る社会になるよう、新世代のオピニオンリーダーとして、これからも歩み続けていきます。

谷口りなさんへの
ご連絡はコチラ

PART 13

年齢・学歴・女性だから・母だからという言葉の枠に捉われずに、すべての人がなりたい自分になるための選択はできる。

人生迷子だったリケジョがお金・時間・働く場所の自由を手に入れるまでの9年間の軌跡

データ分析・AI開発事業

鶴野藍蘭

合同会社GruVo代表社員。平成元年生まれ。東京都出身東京都育ち。データ分析・AI開発などを行うIT企業を経営。東京工業高等専門学校へ入学し、プログラミング言語やアルゴリズム、その他様々な技術を身につける。さらなる成長を求め東京都市大学編入。大学卒業後はITベンチャー企業に就職し2018年退職。2019年3月に合同会社GruVoを設立。約10年かけてお金・時間・場所を自由に決められる生活を実現させ、同年には結婚し子どもを出産。現在は育児をしながら会社を経営している。

構想9年！一筋縄でいかないリケジョの起業

合同会社ＧｒｕＶｏの代表社員をしている鶴野藍蘭です。弊社はＩＴ系企業で、主な事業はデータ分析・ＡＩ開発を行っています。データ分析は、例えば「〇〇をする人はどういった特徴があるか？どういった傾向があるか？」を分析し、要因や傾向の可視化を行ったりすることでビジネスの意思決定材料を提供し、改善のご提案をしております。

ＡＩ開発は、主にＷＥＢ系サービス内で動く様々なエンジンの開発を行うための事前調査から、実開発までを一貫してフォローしております。例えばＥＣサイトを使っていると「この商品を買った人はこういった商品も購入しています」という表示が様々なところで見られると思います。この機能は一般的にレコメンドエンジンと呼ばれ、弊社もレコメンドエンジンの開発・導入のご支援をしております。

２０２１年３月時点で会社としては３期目を迎え、現在は業界問わず様々なプロジェクトに参画することで技術支援やＰＭ、ＩＴコンサルティング等も行っています。

さて、突然ですが、あなたが起業を目指す理由はなんでしょうか？
起業を行う時、人はそれぞれ異なった目的を持っています。特定の課題を改善するサービスを提供したい、お金を稼ぎたい、後世に残るような偉大な功績を残したいなど、本当理由は十人十色です。私も起業した一人なので、もちろん起業した理由があります。ですがこの理由を見つけるまでは、正直どういう人生を送りたいか見つけられない、人生迷子状態の人間でした。

もしかしたら、あなたも今、迷子になっているのではないでしょうか。私は理由を見つけられたから起業に踏み切れましたし、こういう人生を送りたいと胸を張って言えるようになりました。今回は、私が人生迷子状態から起業へ踏み切ったその経験をシェアしたいと思います。

私は平成元年生まれ、東京都出身東京都育ち。ＩＴ系会社を経営する両親を持つ家庭で伸び伸びと育ちました。幼い頃からパソコンを当たり前のように触る家庭で、小学生の頃からマイクロソフトのＯｆｆｉｃｅ（Ｗｏｒｄ、Ｅｘｃｅｌ等）を使いこなせる子供でした。当時は今のようにインターネットを使い放題使えるような時代ではなく、有線接続を都度しないとインターネットには接続ができません。インターネットを使うのは、今のように安くもなかったのであまり普及もしていない時代でした。

けれど両親が仕事で使うからという理由で、私はインターネットを小さい頃から触れることができ、小学生の頃から「ホームページを制作してみる」という趣味を見つけて、HTMLやCSSを組める子供でした。経験としてはとても恵まれた環境にいた子供だなと感じます。

中学校までは市立に通っていました。高校受験になると、どういったことがやりたいかによって皆それぞれの進路を目指すようになります。私は家庭環境的にも「情報工学」と言われる分野に幼い頃から触れており、また理系の教科が得意だったことから自分の得意を生かすというのを進路の目的にしました。

そこで入学を決めたのが東京工業高等専門学校でした。五年制なので入学したら短大卒と同等の資格を得られること、編入率・就職率がいいこと、専攻科目において必要とされる基礎知識が幅広く身につくことが決め手でした。

実際に入学後は幅広いプログラミング言語やアルゴリズム、その他様々な技術を身につけることができました。その経験を元にさらなる発展を求めて東京都市大学(旧:武蔵工業大学)知識工学部へ編入、卒業をしました。

高専・大学在籍時代は、統計、パターンマッチング、機械学習等を学んでいたことから、社会人になったらデータサイエンティストとして働くのはどうかと勧められました。データサイエンティストとは、ビジネスの場においての意思決定をデータにもとづいてサポートするお仕事です。ビジネス要素、IT技術、数学的理論のいずれもが必要な仕事なので難しい仕事だと感じましたが、やりがいがありそうだという印象を受けたため、データサイエンティストとしての就職を目指すようになり、実際にその職種に就くことになります。

データサイエンティストとして働いた会社は2社で、1社目はアドテクベンチャー、2社目はAIベンチャーでした。アドテクベンチャーではWeb広告をより効果的に配信するため、ターゲティングユーザの定義、対象データの調査・作成等がメインのお仕事でした。AIベンチャーでは、様々なプロジェクトにて要因分析・AIモデルの開発・報告書の作成や、Webアプリの開発などをしておりました。

この2社で様々なことを学んだ後、より多くのデータを分析したい、様々なニーズに対して分析ソリューションを提案したいという気持ちが大きくなり、2018年9月に会社員を退職。その後約半年間の準備期間を経て、2019年3月に会社を設立いたしました。

カタチだけの起業なら価値がない

ここまで見ると、「両親がIT系会社の経営者」、「学歴は高校生から情報工学を専攻する理系脳」なので、起業ができたように見えると思います。確かに、幼い頃から会社を経営している両親の背中を見て育ってきました。そして、いつかは社長になろうと思って生きてきたのは事実ですし、20歳を迎えた頃には強く意識するようにもなっていました。ですが、私はなかなか起業に踏み込めず、実際に起業ができたのは9年後でした。

理由としては、自身の強みである「IT系路線で自分が提供できるサービス」が思いつかなかったからです。当時の私は起業をすることがかっこいい、だから起業をしたいと考えている人でした。とにかく気持ちだけが先走っており、肝心の価値提供部分を考えることが欠落していたいのです。そうなると起業するだけで何もできない、ただの空箱の会社になってしまいます。

まだまだ社会において課題がどういったところにあるのか、また経営者にはどういったスキルが必要なのか、とにかくなにもわからない状態であったことから起業ができませんでした。

そこで私は起業したいなら、「既に起業している経営者に会えばいい」と考えました。いろんな分野の中小企業の経営者にとにかく会い、どういったマインドを持っているのか、社会に対してどういった目線で物事を考えるのか、とにかく経営者になるにはどういった思考回路であるべきか学ぼうと考えました。

当時既にｍｉｘｉやＦａｃｅｂｏｏｋなどのＳＮＳは十分に普及していました。こういったツールを使い、とにかく気になる経営者にメッセージを送って、お茶や食事をしてみたり、同世代で既に起業されているキラキラした方に会ってみたり、とにかく人に会って話をしてみることをしました。そうすると、自然とチャンスの掴み方みたいなのが見えてくるようになります。

今までは経営者ってマルチな才能の塊と思っていたので、よっぽどすごいサービスを提供しないと相手にしてくれないと思っていたのですが、意外なところに課題感を持っていたりするのだなということに気づきました。そしてその意外な部分は、私でも課題解決のお手伝いができるということに気づいたのです。

副業で再発見した自分のスキル

そこで私は更に行動しました。起業するにはまだ早すぎるが、個人事業主として開業してスモールビジネスをたくさん経験しよう決意したのです。個人事業主として開業したのは24歳の頃でした。当時は今ほどではありませんが、「副業」に注目がされ始める頃で、クラウドソーシングサービスが世にで始めたばかりの頃でした。

当時の私は会社員をしておりましたが、副業をする余裕があるくらいの仕事量でした。また会社員の仕事だけだとスキルを幅広く伸ばすのは難しいなと感じていたこと、なにより性格的にとにかくせっかちなので、得られるものはなる早で得て次のステップにさっさと行きたいという考えでした。とにかく経験を積むには会社員という立場では限界があると思ったのです。スキルを広げたい、視野を広げたい、色々挑戦して経験を物にしたいというタイミングでしたので、迷わずクラウドソーシングサービスを登録しました。

登録してすぐデータ入力のお仕事依頼がきました。依頼金額は3万円、作業時間は一般的にやると数日はかかりそうなものでした。効率重視でせっかちな私はデータ入力に数日かけるのは非効率だなと生意気にも思いました。

なんとか効率よくできないか考えていたところ、データ入力の作業がかなりパターン化されていることに気づき、プログラミングすれば自動でデータ入力できる範囲だと気づきました。そこで数日かかるデータ入力を、自動化させるプログラムを作り実際に動かしたところ、わずか1日かからずして作業を完了させることに成功しました。

この体験はかなり自信に繋がりました。なぜならば「本来数日かかる作業を1日かからずして完了させることに成功した」からです。これはお客様に対して「納品を早める」という新たな価値をプラスできたので、そこにバリューをつけることができます。このバリューは私が作業することで生まれる付加価値であると言えるのです。

また、この体験は初めて「自分で稼いだ」「やっと自分の仕事ができた」という満足感にも繋がりました。この積み重ねをしていけば起業に繋げられると気づいたので、どんどんのめり込むようにクラウドソーシングサービスで仕事を受注するようになっていきました。

この働き方を続けていくと、経験から自信に繋がり、クラウドソーシングサービス以外からも仕事を受注するようになっていきました。次第に「ＩＴで解決できることならなんでもやります」が私の提供できるサービスだなということに気づけたのです。

またこの頃から、クラウドソーシングサービスだけで食べていく人も今後出てくるだろう、働き方がより自由になるだろうという将来の可能性についても考えるようになりました。ということは、ネットで仕事を受注し、好きな場所で働き、好きなように生きる人が今後増えてくることにも気づきました。


実際にこの頃くらいから「ノマドワーカー」と言われる人たちが増えてきて、シェアオフィスやコワーキングスペースといったサービスを利用するフリーランスや、カフェでＰＣ開いてお洒落に仕事をする人、旅をしながら旅先で仕事する人など、多様な働き方をしている人たちが増えてきていました。

ということは、私も頑張れば好きな場所で働きながらお金を稼ぐことができるのではと思うようになりましたし、そうなりたいという願望が強くなってきました。その中でも私が目指す働き方は、「お金の自由」「場所の自由」「時間の自由」を持つ働き方でありたいと目指すようになりました（この自由を私は「三大自由」と呼んでいます）。

特に場所においては、ＩＴの場合は「そこにＷｉ－Ｆｉがあれば作業ができる」ので、国内外どこでもできるなという大きな可能性にも期待が膨らみました。会社員ではなかなか実現しにくいことを独立すれば実現できるというのは、起業の大きな魅力でした。こういった様々な魅力から起業への気持ちは益々強くなり、本格的に様々なお仕事を受注するようになっていきました。

ビジネスの成功だけが人生ではない

会社員退職後、いよいよ起業を行います。起業してビジネスをやっていく自信はできましたし、事業も決まりました。ここまで十分決まってきたのに、私はもう少し起業する理由が欲しいなと思いました。

当初は働きながら好きな場所で好きなように暮らすという夢を実現することだけを考えていました。ですが、それはあくまで自分が生涯独身であった場合でのお話です。

そこで今一度、私はどんな人生を歩みたいのか考えてみました。

当時私は29歳で独身でしたが、いつかは結婚したいし出産もしたいと思っていました。では結婚したらどういう人生を歩みたいのか、出産したらどういう風に子供と向き合っていきたいか、家族とどのように接していきたいかをとにかく考えるようになりました。

一度しかない人生をビジネスばかりに注ぎ込むのではなく、自分のプライベートも大切にしたかったので、ビジネスが中心になりすぎず、いい具合のバランスで楽しく生きていけるような会社にしたいと思うようになりました。

そんな風に考えていたときに、将来夫となる男性と出会い、交際が始まりました。夫は全国転勤がある働き方をしており、交際当時は富山県に転勤しておりました。要は遠距離恋愛です。もし私が会社員だったら遠距離恋愛で会う頻度を減らすしかない関係でしたが、ちょうど会社員は辞めていましたし、これから起業して好きなように働く場所を選べる生活を開始するタイミングでした。であれば、一緒にいたいしそばにいようと決めて、ほとんど東京都におらず富山県で生活をしていました。

好きな場所で自分らしく働く

ＰＣを持って富山県に通う生活を繰り返しているうちに、私は自分の働き方の最大の強みを見つけました。私の働き方は「好きな人と一緒にいる時間を好きなだけ作ることができる」と気づいたのです。

前述にもあるように、ＩＴ業界はＰＣとＷｉ－Ｆｉ環境さえあれば場所問わず自由に働くことができます。さらに、場合によっては時間の制約なく自由に働くことができるという2つの強みがあるのです。また、打ち合わせはＺｏｏｍなりＭｅｅｔｓなりを使えばオンラインで完結します。そういった働き方をしている会社として起業してしまえば、「家族がいろんな事情でどこか遠くへ行ってしまっても、会いに行ける、もしくは家族のそばについていくことができる働き方である」ということが強みだと気づいたのです。

実際に富山県で生活をしていたときも問題なく仕事はできていましたし、毎回好きな時に富山県内の好きな場所でＰＣを開いて作業ができていました。

勿論この働き方をするだけなら個人事業主でもいいと思いますが、どうしても起業にこだわったのは「会社として誰かの背中を押せる事業がしたい」と思ったからです。私はこの三大自由を得ることで、もっと幸せな生き方ができる人を増やしたいと思いました。ITソリューションの提供以外に「より自由に、自分らしい生き方の実現」を応援できる会社にもなろうと決めて、2019年に起業をいたしました。

起業してすぐ好きな場所で好きなように働くということは実践できていましたが、お打ち合わせ等は対面でしないといけないことが多く、週に何回かは東京都へ戻らないといけないことがありました。これでは長期間好きな場所に滞在しながら働くことに制限が出てくるなと思いました。

実際に100%自由になれたのは、2020年でした。2020年は、コロナ禍の影響もあり、多くの企業がリモートワークを推奨しました。その影響もあってか、都心から地方移住へ踏み切る世帯も増えたように見えます。

世の中はそれぞれにとって「場所」の自由を求めることが可能な時代になりました。またこの頃から対面でお打ち合わせはしないという選択をする企業も増えてきました。実際に私も2020年から、オンラインでのお打ち合わせのみの働き方を実践できるようになり、場所の自由を求めやすくなりました。

様々なところへ旅に出ることや、家族の長期出張等に付き添うなどの場所の自由は、緊急事態宣言もあって選択しづらい状況ではありました。しかし、このコロナ禍はある意味自分が最も実現したかった働き方を実現させる追い風となりました。コロナ禍が消えてもこの働き方は社会全体で定着すると思いますし、ますますオンライン化が進んでいきます。世の中にとっては大変な状態ですが、私にとってはチャンスな一年でした。

私は2019年に入籍し、2020年5月に妊娠が発覚しました。妊娠中の体調は人それぞれですが、私はあまり体調がいい方ではありませんでした。もし自分が働き方を選べない立場だったら、もし自分がまだ会社員をしていたら、出社義務のある働き方をしていたら、絶対仕事できていないなと思うほどに妊娠期間中は本当に大変でした。この時ほど、この働き方を選んでいてよかったなと思うことはありません。

勿論こういった働き方ができるのは、弊社の案件をお手伝いしてくださる皆様や、クライアントのご理解あってのこと、自分一人では決して実現できないことです。多くの方のご支援をいただいた結果、無事2021年2月に娘を出産できました。これからは娘を育てるという新たなイベントが発生します。けれど仕事もプライベートも欲張りたいと思っているので、変わらずプライベートも大事にしつつ、仕事もこなしていきたいと考えています。

自分を信じて、夢を叶える

私は、自分の叶えたい願望である「社長になりたい」「ＩＴ系で仕事をしたい」「家族のそばにできる限りいたい」を実現するために起業をしました。前述したように、起業の理由は十人十色ですし、それでいいと思います。独立したい、起業したい、自分らしい働き方をしたい、なにかを叶えたいなら、自分の気持ちに素直になって、あとは「実行する」だけだと思います。起業において一番背中を押してくれるのは「自分の決断」だけです。そこから先は実行し、結果がついてくるまで行動し続けるのみです。

結果がなかなか出ないこともあると思います。結果が出なければ気持ちがめげることもあるでしょう。でも思い出していただきたいのは、私は起業して、「お金」「時間」「場所」を自由に決められる生活を得るのに実に10年近くかかっているということです。この10年間行動をしなかったわけではなく、なにかしら小さなことでも結果は出ていました。

なので、なかなか結果が出なくて苦しくても必ず結果が出ているはずです。

得られた結果と自分を信じ続ければ、起業してもうまくいくと思います。何かに挑戦をする際は、まず「自分を信じること」を忘れないでください。

また、「自分の気持ちに余裕を持つこと、話を聞くこと」も忘れないでください。なにかを実現するときは、多くの情報に触れる必要があります。情報の入り方はWEBだったり人との会話経由だったりすると思います。WEBの場合はURLにアクセスすれば同じ情報に触れることはできます。しかし、人との会話経由で得た情報は「会話をしたとき」が一番新鮮なので、その時にインプットした情報が一番質のいい状態であると私は考えています。

会話をするときに自分の気持ちに余裕がない場合、せっかく得られた情報が頭にインプットされにくいため、機会損失につながります。気持ちに余裕があればインプットは勿論、様々なことに目を向ける余裕ができるので自然と視野が広がります。視野が広がればチャンスを掴む手段が増えるので、結果自分を高めることができます。とにかく情報は自分の味方になるので、常に余裕を持つこと、話を聞くことを覚えておいてください。

最後に、「シンプルに物事を考えること」も大事なので是非覚えておいてください。物事は意外とシンプルな解で構成されています。

シンプルな解を複雑にするのは自分です。なにをするにおいてもとにかくシンプルな方がネクストアクションも立てやすく、誰かに情報をシェアする時も情報伝達がしやすいです。シンプルであることは物事をスムーズに進めるときに役に立つのでこちらも是非スキルとして身につけることをおすすめします。

以上が私からシェアできる起業へ踏み切るまでに得た自分の経験談です。今回は「私の起業経験談」がベースになったお話になっていますが、上記は起業だけでなく、プライベートでも役に立つと思います。これからなにかに挑戦される皆様にとって、私の経験談が少しでもお役に立てれば幸いです。

鶴野藍蘭さんへの
ご連絡はコチラ

PART 14

何かを叶えたいなら、
自分の気持ちに素直になって
「実行する」こと。
一番背中を押してくれるのは
「自分の決断」だけだから。

海上自衛官からサスティナブルな循環型ビジネスを構築するまでの物語

リサイクルキャンドル事業
カフェ＆パーソナルトレーニングジム経営

内藤恵梨

株式会社ＥＮ代表取締役。１９８７年京都生まれ、海の見える長崎の町で育つ。男の子と女の子の双子の母。高校卒業後は海上自衛官として勤務。その後、プライベートも紆余曲折しながらイベント業（会社員）と司会業（フリーランス）を経て、現在の株式会社ＥＮを設立。カフェとパーソナルトレーニングジムを経営しながら、地元の障がい者雇用を進め、物に溢れた日本のもったいないものを商品化し、循環し続けることができる循環型ビジネスを構築。現在は廃棄キャンドルを再生するリサイクルキャンドル事業と地元の放棄竹林整備から生まれる竹炭事業を進めている。

否定されても叩かれても、斜め上をゆけ！

特別に裕福でもなく貧乏でもない家庭に生まれ育ち、両親も揃っていて弟もいて、至って普通の公立高校に進学しました。振り返ってみれば、物心ついたころには割となんでも周りの同級生たちより上手にできていて、背も高く、体も強くて負けずぎらいだったと思います。

勉強は比較的できていましたが、あまり頑張れなかったし、運動も好きでしたが、なにか競技をひとつに絞って極めることができませんでした。みんなと同じ方向を向いて大人から言われた通りに頑張ることに違和感があり、できなかったこともたくさんあります。

ただ、いつか大人になったとき、ピアノが弾けたらカッコイイからピアノは弾けるようになりたかったし、少林寺拳法を習っていて、それも護身術になるから役に立つと思い、続けていました。

今思えば、かなり冷めた学生時代でした。高校の数学や物理が社会に出て何の役に立つのか当時は解らなかったので、女子高生時代の私が役に立つ！　できる自分にワクワクする！　と思ったものだけを自分で勝手に厳選する暴挙に出ていました。その結果、英語、家庭科、世界史は割と勉強したので、料理が出来るようになりましたし、美術館や旅行先で大好きな絵画を目の前にしてウンチクが語れるくらいには理解が深まりました。英語は身振り手振りの片言ですが。

私には子どものころから「画家になりたい」というぼんやりした夢があり、暇さえあれば自宅で絵を描いていました。水彩画とアクリル画が得意で、今でも動物の造形が好きです。

長崎南高校に在学中の受験シーズン、当時の私には将来の夢がありませんでした。好きなことをして生きていきたいけど、女子高生時代は自己肯定感が低く、理系のクラスの落ちこぼれ。高校卒業後の進路は芸術大学が希望でしたが、独学だったので、デッサン等の勉強はしていません。進学校だったからか、芸術大学系の知識がある人とのご縁もありませんでした。気が付いた時には「さて、どうするか？」と振り出しに戻ってしまいました。

そんな状態でしたので、担任は落ちこぼれの私がきちんと卒業することにフォーカスし出しました。一方の両親はというと、私が今の学力で入れそうな大学の学部の資料を持って行っても、「この学部を卒業して何になる?」とチクチク言ってきました。何になりたいとかなかったし、夢なんて当時なかったので、とても苦しかったです。

いろいろと嫌になって、自分に必要だ!と決めた授業が終わったら、学校を早退するようになっていました。ある日、サボって、ひとりバスターミナルを歩いていたとき、突然、自衛隊のスカウトから勧誘されました。

「自衛隊に入隊しませんか!体が丈夫そうだし!」

画家と自衛隊では180度違います。だけど自衛隊になれば、チクチク言ってくる親のスネをかじらずに自分で生きていけるし、学校のつまらない勉強だってもうしなくていいのか!と思うと嬉しくなってしまいました。

「女性自衛官、カッコイイじゃないか。画家はいつかなってやろう。」

そして、私は試験を受け海上自衛隊に入隊しました。なぜ海上だったかと言うと、制服が一番カッコイイ!という不純な動機。自衛隊で厳しい訓練や船乗りとしての任務を行う中で、やりがいを感じつつも、女性だからこその苦しいこともたくさん経験しました。それが人生の最初のターニングポイントでした。

「男女平等」という呪い

海上自衛官時代は、男の人に負けないようにとか、同じように仕事をこなすことが男女平等だと思っていましたし、そうしなければならないと自分にルールを作ってしまっていました。なぜならお給料も仕事内容も男女一緒だからです。

思い返せば小学生の頃、皿洗いをしていて、祖父に「やっぱりおなごやね。」と言われて「男も皿を洗って当たり前だ！」と言い返したこともありました。祖父からすれば、渾身の褒め言葉だったに違いないのに、かわいそうなことを言ったな、と今だから思いますが「女だから」という考えを押し付けられるのが大嫌いでした。

子どものころから、女性だからと差別されるのが特別嫌だった分、どこかで自分が女性であることを否定して、男性以上の活躍をすることが正義だと自分自身に思わせて、私が私に呪いをかけていたのだと思います。

差別されるのは嫌、男性以上に仕事をこなしてこそカッコイイ女！　強くありたい。そういう想いもあって自衛隊に入ったし、それは自分にしかできないことだという想いもありました。しかし、自衛隊での訓練や業務は体力的に想像以上のもので、男性と同等、それ以上の働きをすることが難しい場面を多々経験しました。生理だって毎月来ますしね。

自分の正義があったからこそ、無力感に苛まれました。「この仕事を定年までやれるのだろうか？」入隊してすぐの教育隊の頃は同期が居てくれたし、毎日があまりに激動すぎて未来のことなんて考えられなかったけれど、船に配属された時点で、ふと思ってしまいました。

女性は妊娠出産という女性にしかできない経験がありますが、一方でそれをあきらめなければ獲得できないキャリアがあるのが現実だと悟りました。自分の考えていた男女平等を実現するためには、妊娠出産をあきらめないといけないのだろうかと葛藤もしました。私はこんなに苦しい男女平等を目指していたのでしょうか？


この経験は辛いものでしたが、「女性だから出来ることをもっと思いっきりやろう」と考えを改めるきっかけとなったのも事実です。自衛隊の経験があって、自分が女性として女性らしく生きることを認めることが出来たのです。

女性として、妊娠や出産、お母さん業もしたい。そしてそれだけではなく、女性として自分しかできないことがしたいなと思えました。

私は貪欲に生きてゆく。

それからしばらくして私は自衛隊を辞めました。

ゴミくそ人間の極貧生活

20代、自衛隊を辞めてから29歳までは自分に自信が持てませんでした。今振り返れば、暗いトンネルを好き好んでトボトボ歩いていたのですが(ドMか!)、精神的には強靭だったのか腐らなかったので、そんなときも沢山の学びがあり、今につながっています。

今や、社長なんてしているけれど、こんな私でもアルバイト時代があり、コンビニのレジ打ちもしました。その後はチェーン店のコーヒーショップ、個人経営のカフェでも働きました。経験したどんな仕事も、10年後の今の仕事に直接役に立つようなコーヒーの知識や技術、経営の基本などの学びとなりました。
ただ、この前まで特別国家公務員として制服をビシッと着こなし頑張っていた自分との落差で、なんとなくみじめだったし、同級生にも会いたくないくらい辛い時期がありました。現実逃避しても何も変わらないのに、ふるさとに帰れませんでした。

今思えば、潜水艦を探したり、魚雷を扱うような仕事をしたりしていた元船乗りの女の子は、一般社会で役立つスキルを持っていないので活躍できるはずがありません。そんなの当たり前の話なのですが、私は私をゴミくそ人間だと思い込んでいました。だって私は、首の皮一枚でギリギリ卒業できた高卒だし、スキルも国家資格もない！…とか言って、たくさんたくさん自分自身に言い訳しました。

一般社会で即戦力になるにはどうしたらいいのか考えなければ！ここから私の人生は急展開。目線を変えました。例えるならば、木を見ずに森を見る練習が始まりました。
まずは生活力という自信をつけたいと思いました。生活力を上げたら自分らしく生きられるかも！自分を信じてあげる力が自信だ！と気が付き、紹介されて司会業を始め、安定した収入が欲しくて2年務めたのちにイベント会社の社員になりました。

イベント業での仕事は、営業のノウハウや、人に聞いてもらえる話し方、大勢の前で話す技術を獲得することができました。今でも先輩との交流があり、当時福岡の催事で仲良くなった友人もいたりして、会社員としての期間は長くなかったですが尊い時間でした。

自衛隊を辞めてからは本当にいろいろなことがあり、大変な20代を過ごしました。今だから笑い話になりますが、当時はその日食べるものにさえ困る経験をしました。本当に今日食べるものがなくて、食べ物をどうするかしか考えられないとき、郵便局で居合わせた魚屋さんがサバを丸ごと一匹くれたことがあります。今でも、お礼が言いたいくらい感謝しています。魚屋さんありがとう！

しかし、貧乏は悲惨なことばかりではなくて、割と楽しい貧乏生活でした。わたしはこの時期、格段に料理の腕が上がり（今ある食材で美味しいものが作れる技術）、食べられる野草に詳しくなりました。ムダになる経験なんて一つもないですね。

20代の一時期に貧乏暮らしをしたことで世の中のもったいないものが目に付くようになり、後に始めるリサイクルキャンドルや放棄竹林再生のボランティア活動、放棄農作地のもったいない食べ物から酵素シロップを作って飲み物にしようという発想に結びついたと思います。

あと10年で死ぬと仮定して生きてみよう

馬車馬のように働いていた、社員時代の27歳の頃、右胸にしこりが見つかりました。私の場合はシャワーを浴びているときに気が付きました。これを読んでいる皆さん、老若男女問わず異変がないかご確認を！

気が付いた時には、すでにピンポン玉くらいの大きさのしこりが右胸の脇の下（リンパ節）にあり、正直、自分はもうすぐ死ぬのかなと思いました。さすがにこの時ばかりは自分で何とかすることもできず、母親に頼んで病院の診察の付き添いにきてもらいました。病院で生体検査をして、結果を待ちました。その間、30歳に近い私と、60歳に近い母と2人でわんわん泣きました。そして数日後、検査結果が出たのですが、悪性か良性かはっきりしませんでした。病院の先生は切った方が良いと言いましたが、私は何もしない選択をしました。だって今まで散々世の中に中指立てて生きてきたのですから、今更しおらしく治療も手術もピンと来なかったのです。

どうせ、いつか死ぬんだし！　死んだとき持っていけるのは思い出だけだから後悔しないようにしよう！　と腹を括りました。

40歳で死ぬことを仮定したのが27歳のときです。イベント業の仕事を辞め、実家に戻り、これまでのことを家族に話しました。いろいろな経験や気持ちの移り変わりを話していくうちに、両親との関係は今までよりずっと良いものになりました。

胸にしこりができたことがターニングポイントとなり、働きすぎることをやめられたし、食生活にも気を使うようになりました。自衛隊を辞めてからもなかなか改善できなかった、女性であることにどこか否定的な考え方は33歳まで続くのですが、徐々に改めることができましたし、家族や友人のありがたみを知りました。

40歳を過ぎても私が死んでいなかったら「ボーナスステージ」として、新しいことにチャレンジしてゆく予定です。勇気が出ないときは10年で区切って生きてゆくと、たくさんの夢が叶うものです。私が実証済みです！そして、やりたいこと１００選を手帳に書いて、実現したら消していきます。また増やしたって良いのですから。

起業のきっかけは「双子の妊娠・出産」

結婚し、双子を授かったことが次のターニングポイントとなりました。

夫は、私の祖父のリハビリの担当だった理学療法士で、交際期間半年で入籍しました。そのとき私も夫も29歳。いつのまにか胸のしこりは小さくなっていたし、違和感も減っていました。それからさらに半年後、双子を妊娠しました。双子が欲しかった願いが叶って本当に嬉しかったです。

妊娠中に、今後双子の育児をどうしていくか話し合った結果、仕事を新しくはじめ、後悔しないようにしっかり育児をしていこうということになりました。私は子どもを産み、育てることも夢でしたから、仕事を辞めて新しいことにチャレンジすることへの恐れは感じませんでした。だって、やってみてダメなら辞めればいいのですから！

そして、夫は勤めていた病院を退職し、私も司会の仕事を辞めました。夫は理学療法士と趣味のトライアスロンの経験を活かしてパーソナルトレーニングジムを、私は発酵させて保存できる酵素シロップのドリンクや健康的なランチを提供するカフェを経営すること にしました。それが現在の株式会社ENです。もし双子ではなかったら、元の仕事を二人とも継続しながら育児をしていたかもしれません。

双子はとってもかわいいけれど、妊娠、出産は大変でした。妊娠8か月ごろになると、自分の足元がまったく見えないくらいおなかが大きくなり、体も重たく動くのが大変でした。双子の場合、日にちを決められて予定帝王切開となります。

ですが、そんなうまくいくわけもなく、陣痛が来て35週目の5日目の23時頃、緊急帝王切開での出産となりました。少し早産でした。

私は約2L出血があったらしく、血圧が低下し死にかけたらしいです。それでも、子どもたちの泣き声を聞いた時には嬉しくて、涙がこぼれました。そして幸運なことに、双子の子は男の子と女の子でした。びっくり!

今も双子の育児に朝から晩まで毎日てんやわんやですが、家族や友人、お客様も子どもたちを可愛がってくださります。小さなコミュニティーに愛があるからこそ、子どもたちはのびのびと、感情豊かに、笑って、泣いて、渾身のイヤイヤを言いながら大きくなっています。

私はやっと大切な私らしく、女性として、思いっきりやりたいことができています。

愛のあるビジネスを残したい

現在、リサイクルキャンドルの収益金で絵本を送るボランティア活動をしています。自分の生きる意味を探しているとき、タイ国境沿いのミャンマー難民キャンプや、タイ最大のスラム街にボランティアに行く機会があり、そこで字の読めない子どもたちや女性が貧困から抜け出せなくなっている現状にショックを受けました。

自衛隊時代に女性としての働きにくさで悩んでいた自分と重なり、どうにかこの難民キャンプの女性たちの力になれないものかと考えました。そこでまずはじめたのが廃棄キャンドルをリサイクルして現地に送るボランティアだったのです。

当時司会の仕事でお世話になっていたお寺や冠婚葬祭式場から廃棄するもったいないキャンドルを頂き、溶かして再形成したキャンドルを作り溜めました。難民キャンプは電気が通ってないので、夜になると懐中電灯を使うか、キャンドルの灯りがないと本も読めません。

日が暮れても勉強ができるようになり、識字率が上がることで貧困から抜け出すきっかけになって欲しいという想いを込めて地元の有志で送りました。

しかし、100kgほどキャンドルを送った時点で、送料がかかりすぎて継続できないと気が付きました。ボランティアもお金を稼いで循環できる仕組みの中でやっていかないと継続できないのです。そうだ、販売に切り替えよう！と決意を新たにしました。

そこで始まったのが、リサイクルキャンドルを販売した収益金で絵本を送るボランティアです。絵本を読むことで識字能力の向上に役立てて欲しいという想いで今日まで続けてきました。

各所から頂いた廃棄キャンドルを、障害者就労施設に委託して再形成し、それをまず買い取ります。（ここで地元の障害者の雇用に繋がります）それから職人の手で長崎の季節の山野草を押し花にしたもので装飾し、仕上げを行い、ラッピングして販売。その収益金で絵本を購入し、翻訳シールを貼って現地に送るという流れです。

購入した絵本には一冊一冊、翻訳シールを貼っていきます。翻訳シールとは、現地の言語（カレン語、ビルマ語など）が書かれたシールのことで、それを日本語の上に貼るのですが、その作業が特に大変。

そのため、ワークショップ形式で小学校や学童の子どもたちにやってもらったり、ボランティアチームで集まったりしながら開催しています。

協力して下さる方々のお陰で、昨年末までに600冊を送ることが出来ました。細々ではありますが、これからも腐らず続けていきたいと思います。そしていつか発展途上国に図書館を建造することが目標です。難民の帰還先に農場や加工場を作って、仕事に困らないように手助けしていきたいです。

私の最終的な夢は、私が死んでも循環する、愛のあるビジネスを残すことです。搾取なんて時代遅れ。質素でも心が豊かな、美しい村を作っていきたいです。


また、私は近所の私有林(竹林)の整備のリーダーをしています。いつの間にか県下最大級の森林ボランティアチームになっていた大所帯のチームです。子どもたちに残してゆくことをテーマにしていて、山にある食べ物(キクラゲ、タケノコなど)や竹林整備の知識や技能の伝承を行なっています。これは、お金では買えない貴重な経験です。

有志が集まって日曜日の朝から山仕事をして汗を流し、昼はみんなで給食のようにカレーを食べたり、先輩ハンターが獲って捌いたイノシシやシカの肉でBBQをしたりしています。分かち合いの集団です。

さて、どうして急に山の整備かと思われた方も多いと思いますが、カフェをしていると女性のお客様がいろいろな悩みを話してくださることが多く、竹山の整備も長年の悩みだったそうで、相談を受けたのがきっかけです。

面積は1ヘクタール以上ありました。女性からの相談は断れません。「ひとつ力になるか！」と思ったことが森林ボランティアを始めるきっかけでした。だって家族ぐらいの人数で荒廃した竹林の整備なんて、気が遠くなる作業です。人間は助け合って生きてゆくものだと、飢えたときに身をもって知りました。お金は大事ですが、もっと大事なものがたくさんあります。でもお金もまだまだ今の時代、大事ですからね！　その行ったり来たりをバランスとって会社経営している気がします。

地主の高齢化によって竹林の荒廃が進むと、竹林内にエサ（タケノコなど）が豊富になり、隠れるところもたくさんできるので出産もしやすくなります。だからイノシシの数も増えてゆき、竹林が掘り返されすぎて、食害のすごさを目の当たりにしました。人間が間違いなく自然を壊してはいるのだけれど、ヒトとケモノの距離感は保ちたいし、共に生きていきたいです。それが名目上「駆除」だとしても、そのいのちの肉はおいしく無駄なく仲間で分かち合いたいと思います。

私は罠猟の免許を持っていましたが、竹林のボランティアを通して必要性を感じ、現在は更に猟銃免許取得に向けて準備をしているところです。

もっとあなたらしく生きていい

これまで、高校を卒業して、社会に出て、たくましく生き抜くために、女性性を否定してまで一生懸命生きてきましたが、別にそんなに頑張らなくてもよかったんじゃないかと振り返っています。今、私は男性にはできない、女性だからこその切り口でうまくチームも会社もまとめあげられているではないか！　と気が付きました。

女性から女性へ呼びかけた方が人は集まりやすい傾向にあると思います。年齢は関係なく、共感できる者同士が集まってきます。

男性は、女性から頼りにされ、自分にしかできないような仕事を頼まれると張り切ってくださいます！「ありがとう」って笑顔で伝えて、一緒に作業することで信頼関係を構築してゆけばいいいし、自分の得意なことを生かすと良いから張り合う必要なんてないのです。

とにかく、お願いすることは恥ずかしいことではありません。助けて欲しいときは、助けて！　と言ってみたらいい。昔の私なら言えなかったですけど。大丈夫。言えるようになります。

普通の家庭に生まれ、普通の町で育ち、普通の体形で、特別頭も良くも悪くもなく、将来の夢もない学生時代を送った「わたし」。

普通の人生は歩みたくない、普通のオバサンにはなりたくない、認められたい、自分しかできないことがしたいと、もがいて、もがいて、女性を否定して、病気になっていた20代の「わたし」。

そんな過去の「わたし」に手紙を書いてあげるなら、今、これを読むあなたにも届くかもしれないと思い、最後にメッセージを送ります。

「33歳の私は、幸せだよ。私は自分を普通だ、普通だと思っていたけれど、どんなに苦しくても腐らない才能と、足踏みするくらいなら1ミリでも前に進もうとしてあきらめなかった才能があったよ。会社を辞めても、お付き合いをやめても、考えることだけはやめなかったよ。

お金はなかったけど、家に泊めてくれてご飯を食べさせてくれた友達がいたよ。家族は解ってくれないときがあっても、いつか和解できる日がくるよ。日本中に笑われている気分になっても、割と大丈夫なことばっかりだよ。

双子のお母さんになっているよ。優しい夫がいて、苦手な経理や事務は彼にお願いしているよ。社長であり、トライアスリートであり、森林ボランティアのリーダーで、発展途上国にも支援しているよ。

大型バイクにも乗るし、ピアノも弾ける。絵を描くし、お菓子作りは苦手だけど、料理はうまい。養蜂も狩猟も始めたし、それに何より健康だよ。

もう「普通」の女性ではないよ。大切な「わたし」の道をひたすらすすめ！」

あなたが、あなたらしく生きることができますように。長崎から愛を込めて。

内藤恵梨さんへの
ご連絡はコチラ

PART 15

自由に生きるには、
自分らしく生きることを否定しない仲間を見つけること。

法律の壁を乗り越え、北海道で日本初の出張理美容サービスを立ち上げた逆境ストーリー

長岡行子

出張理美容サービス事業

出張理美容サービスVESS代表・一般社団法人とかち子育て支援センター代表理事。生体エネルギー登録販売店。社会に出て踏ん張る娘2人と息子1人、中学1年生の双子の男の子との6人家族。北海道で出張理美容サービスを展開し、美容室やカフェも経営している。一般社団法人では地域の異業種の方々との繋がりから「キッズトライ実行委員」が立ち上がり、就労支援型キッズトライや地元スーパーとの食育体験事業などの地域貢献活動を行う。「輝く女性のチャレンジ賞」「キャリアデザイン大賞」「とかち未来チャレンジ賞」を次々と受賞。

大切なのは、まず行動すること

■プロローグ

私が6歳の頃、母は乳がんで亡くなりました。まだ33歳でした。そして、父は66歳のときに同じくがんで亡くなりました。多分、母は私と同じように、いろんなものが見えたり、聞こえたり、わかったりする人だったのだと思います。私は幼い頃から、「この人」の後ろにいる「微笑む人」の存在を感じ、「この人」が愛されていることを感覚的に悟りました。誰にも、どんな人にも、この「微笑む人」はいるのです。道を指すこともなく、学びを諭すこともありません。ただ、「この人」を愛している、そのためにいるのです。

「この人」の考えていることは分からなくても、時折「この人」の可能性が見えてくることがあります。このように進めば、こんな風になるだろう。こうやってこう行動していくと、こう形になるという風に。

だから私は、「ここだよ！」ということを伝えたくなり、親しい人には伝えています。その人が進む道を、私の方がわくわくして止められなくなり、熱くなりすぎて引かれるということも多々あるのですが…。でも、自分のことはてんでわかりません。「自分のことがわからない」おかげで、気付けたことや失敗といわれることがたくさんあります。

土地もそうです。人と同じで良い使い方、良い使われ方があります。気の巡りに逆らわず、素直に流れを読み進むと、すんなりと良い方向に流れて進むことができます。人は気持ちが大きく左右するものですから、イライラしたり、泣けてきたり、誤解が生まれたり、大変なこともあります。しかし、これも人として感じられることの一つとして、大いに味わいたいと思っています。

■人を美しくする仕事がしたい！

中学生の頃、自宅でお嫁さんのお支度を手伝う女性の姿を見せてもらっていました。みるみるきれいなお嫁さんへ支度されていく姿をみて、私も「綺麗にする側」になりたいと思ったことが、美容師を仕事にしようと思った始まりです。

高校に通いながら、通信教育も同時にスタートさせ、夏休みや冬休みにはスクーリングに通いました。学校を卒業した後は、さらに国家試験やインターンが待ち受けています。

しかし、手に職という道は、資格取得の年が早い方が経験年数につながるとわかっていたので、「早く、早く働きたい！」と思いました。アルバイトも美容室を選び、ワクワクしっぱなしだったことを覚えています。

これまでの人生、走りながら進む道を迷うことなく決めてきました。前を向いて進んでいく中で、必要となることや必要な資格も出てくるかもしれません。しかし、まず起業をして、走りながらそれらを習得していくことに決めました。いずれ必要になるであろうことを考え準備をして、頭でっかちで前に踏み出せなくなるよりも、右へも左へも首を振ることができて、時に頭を下げることも出来る自分でありたいと思っています。これは今も変わらない私のスタイルです。

日本初！　出張理美容サービスの立ち上げ

美容室を立ち上げる前に、出張で理美容サービスを必要とされる方のご自宅へ伺う、訪問理美容サービスを展開しました。寝たきりの高齢者や、足腰が弱く車椅子で介助が必要な方、病気療養中の方、身体や知的などに何らかの障害があり美容室に来られない方が対象です。

具体的には、サービスを必要としている方々のご自宅に伺い、カットをして、シャンプーをさせていただいています。寝たきり状態の方の散髪には、ご家族の手をお借りし、首に手をあてててもらい襟足をカットします。

訪問を続けているうちに、皆さんが髪を切ること自体をあきらめていたり、苦労されていることが伝わってきました。カットの後は、本当に喜んでくださり、感謝してくださいます。

たとえ病気で寝たきりでも、自分らしく生きることへの希望になること、気持ちが前向きになること、家族の負担が減ることなどから、皆さんの笑顔が見られるようになります。

しかし法律の壁は大きくて、始めて間もなく、地域の理美容業界全てからの苦情が保健所に集まりました。理美容師法では、山地や冠婚葬祭などのお支度以外の出張理美容業は許可されていなかったのです。消毒法など全てにおいて、今もなお厳しく取り締まりされています。

当時、保健所の担当の方のご家族に、寝たきりになられた方がいらっしゃいました。その担当の方は、なかなか美容室に連れていくことができないでいたことや、家族の手だけでは介助が難しいと感じておられ、「これからの時代にこのサービスは必ず必要になるはず」と、十勝・帯広全域の理美容室へ文書を作成してくださりました。

事業の必要性と、わたしの訪問理美容サービスの利用者へ向けた対応策を考えて、北海道の保健所や国の機関への特別な申請を打ち出してくれたのです。そして、たくさんの皆さんのお力添えと応援を受けて、日本ではじめての「出張理美容サービス」が許可され、スタートすることができました。

その後事業化した、出張理美容サービス「ＶＥＳＳ」では、店舗営業とともに、病院や福祉施設への出張を行っています。病中・病後など、外出が困難な方のご自宅への出張サービスで、ＶＥＳＳには、上級訪問美容師とハートフル美容師の資格を有するスタッフが在籍しており、安全安心で心のこもったサービスを提供させていただいています。

サービス・ボランティア・ビジネスの境界線とは？

私は仕事をさせていただいていく中で、医療美容や障害、福祉だけでなく、地域社会において必要なものや事柄が見えてくるようになりました。異業種・多種多様な皆さんとの繋がりも深まり、子どもたちに未来を魅せる機会を与えたいという想いから、「キッズトライ実行委員会」が生まれ、障害を持つ方たちへの就労支援型キッズトライも立ち上がりました。また、地元スーパーさんとの食育体験事業「弁当の日がやってきた」も始まりました。

その時その時に地域や社会に必要な物事や、人と人が繋がることで生まれる化学反応を何よりも近くで見られることに、本当に今もワクワクしています。さらに、さまざまな社会活動をよりスムーズに円滑に進めるため、そして必要とされている方により見つけてもらいやすいようにと、一般社団法人「とかち子育て支援センター」も立ち上げました。人と人を結びつけ、より多くの応援に繋げたいという思いで活動を行っています。

福祉理美容というと、どうしても「気持ちで」という姿勢や、ボランティア活動とみられがちです。いや、100%そう見られていたと思います。私は自分自身の立ち位置を「ボランティアさん」というひとくくりにはしたくありませんでした。事業を進めていくことに対して、全国でもまだ前例がない中、お客様側の意識を「仕事」として捉えてもらうためにどうあるべきなのか、どのようなかたちが必要か、見せ方や工夫を凝らしていく事が必須でした。

ただただ丁寧に、見せ方にも気を配りました。終わったあとの片付けまでを仕事として、話し方や聴くという姿勢にも気を配っていました。お金を頂くという姿勢よりも、「お金を払わせてほしい」と思ってもらうような、自信に満ち溢れる女性になりきりました。要は、ハッタリだった時期が長かったかもしれません。見せ方もそうですが、見られ方も大事だと本当に思っています。

そして、私ももちろん、お店の感謝祭の時など、テナントとして入ってくれた方々へ、多くのお客様をおもてなししてくださったことへの感謝の気持ちとして、日当をお支払いしています。売り上げもそのままもらっていただいています。イベントやお手伝い、私の仕事や私の仕事に手を貸してくれて、時間を使ってくれた方へはきちんとお金・対価をお支払いしていて、これは今も行っています。なぜなら、時間は有限で「時間＝お金」であると考えているからです。

この自分ルールは、相手からの信用へも繋がってゆくのではないかと考えています。子どもでも誰でも、手伝ってお小遣いをもらえたら、めちゃめちゃ嬉しいからです。そして、また次も頑張ろう！と思えると信じています。

美容師人生をかけたプロジェクト

残念でならないのですが、とにもかくにもわたしは肌が弱いです。

パーマ液やカラー剤、シャンプーひとつにも皮膚が悲鳴をあげます。皮がむけて痒く、夜中も無意識にかきむしってしまいます。ですから朝はシーツが血だらけです。皮膚科に通いながら、手袋をはめてだましだまし仕事をしていて、ついには身体に不調が起きました。

それでも美容師はやめられません。やめること、諦めることが頭に浮かばないのです。休みの日は皮膚科に行き、ステロイド薬を処方され、ほぼほぼ薬漬けの毎日。いつしかステロイドが効かなくなりました。全身が真っ黒になり、肌や皮膚が剝がれて、空気に触れても痛いほどでした。

美容師として仕事を続けられるようにするには…。考えて、考えて、綿の手袋をして、その上に水を通さない手袋をしました。パーマを当てるにはロットを巻けるようにならなくてはいけませんし、手袋をしてカットができるようにと仕事の後、練習をしました。

美容師を仕事として続けていくために、私が私であり続けるために、メーカーさんにとことん相談をして、髪が引っ掛からず、突っ張らない手袋を探してもらったりもしました。肌が弱いからこそ出会えたものがたくさんあります。必要な場所へ繋げてくれて、私の可能性を広げてくれる出来事や仲間たちの存在に感謝しています。

Part16 長岡 行子

水やお客様の肌に触れるもの、施術する側の私にとっても安心で安全なものを探してもらい、取り入れていきました。それは今も変わらず、新しいものやさらにいいモノ、今よりもよくなるものを見つけていくためにアンテナを張っています。

今では、「長岡先生が使えるなら」とあちこちの地域から、敏感肌の方やアレルギーを持った方、なるべくなら身体にいいモノを取り入れたいとされる方たちがいらっしゃいます。メーカーさんも、お客様に触れるものに対しては「私」でも使える、体にやさしいものや安心安全なものしか持ってこなくなりました。

一番に取り入れたのは「ジアミン」という薬が入っていないカラー剤です。ジアミンは本来、人体にも地球環境にも良くありません。川に流せば、魚が死んでしまうほどの薬です。しかし、このジアミンが使われているカラー剤はきれいな色味が出るので、よく使用されています。人は誰しも、身体に害を及ぼすものを受け入れる際には定量があり、今はまだ大丈夫でも次はだめかもしれません。もしかしたら、今日染めたらかぶれてしまうかもしれないのです。そこで、今では東洋医学の考え方を取り入れ、「自己治癒力を高めるためだけを目的とした製品」しか仕入れないことにしました。

そして、知る人ぞ知るクリニック的な美容室になったのです。一番のウリは、「カラーをするたび、髪が蘇る」こと。きっと感動するので、ぜひ試してほしいです。

周囲を頼って自分らしい環境をつくる

ターニングポイントに当てはまるかどうかはわかりませんが、もう一つ。子供を持つ母としても「どのようにして働くか」よりも、「どう働くか」を考えてきました。家事にしても、全てのことをやろうと思えばできてしまうのが女性なのだと思います。仕事中にお客様と向き合っている時間も、保育園のお迎えの後、買い物をして帰ってからお風呂を準備しながら夕食の支度、次の日の予定までも頭をよぎっていたりするのです。テレビを見ながらメールをチェックしたり、こどもの話を聞いたりします。おかしな話ですが、それができてしまうのです。

しかしながら、出来るくせに自分ばかりが大変で忙しいので、めちゃめちゃイライラします。呑気にテレビを見ている主人や家族にイライラしてしまいます。けれど、双子が宿ったとき、37歳の高齢出産だったこともあり、流石に降参しました。お手上げです。できるけど無理です。こんなことやっていたら、死んじゃう(笑)

とりあえず主人にも子どもたちにもお願いしました。「ありがとう。ごめんね。これもやってほしい。これも。」しかし、自分のやり方と違うので、言葉ではありがとうって伝えているのにイライラしてしまいます。洗濯物の干し方が気に入らなかったり、掃除機のかけ方、お茶碗の洗い方さえも気になったりして、逆にストレスになっていました。やって欲しいのに、やってもらったらイライラしてしまう…最高に矛盾しているのです。

そこで、最後の仕上げだけ手を加えるようにしてみました。それは今も続いています。洗濯物を干してもらって、なんとなく自分がいいように手を加えています。掃除機をかけてもらうけれど、一週間に一度は納得いくように自分の掃除の仕方をしています。たまには一緒に家事をして、感謝を言葉で伝えています。今ではかなり頼りになる家族です。家の中のルーティンを家族がそれぞれこなしているので、今では二泊三日の講演会やショーなどの仕事へも行けるようになりました。

相手に「任せる」ことは、かなりのストレスを生みます。でも、周囲の人は頼れる存在です。「成長している」という言い方とは、ちょっと違うかもしれません。なにせわたしがして欲しいこと、やって欲しいことをしてくれているだけだったりするからです。

スタッフたちもそうで、一人ひとりにやり方があります。思っていることも考え方も、とらえ方も違います。そのなかで、わたしの考え方や、こうしていきたいと思っていることを伝えています。強要はしませんが、想いは伝えたいので伝えています。自分の想い一つで協力を仰ぎ、手を借りて作り上げてきた今の形とやり方があります。

少しずつスタッフたちの声を聞きながら、変化を取り入れています。時給制を希望する方も完全歩合制で働く方も、どちらでも子育てや家族の予定、自分を大事にして動けるように、働く時間帯は自己申告制です。せっかく資格を持つ仲間たちが、同じ志を持って仕事に向き合ってくれている奇跡、女性としても母としても、仕事をする自分にもわくわくして欲しいと思っています。喜怒哀楽を豊かに味わい、喜んで生きて欲しいです。「働きやすく」より、「自分らしくいられる環境」を整えることを望み、楽しみながら時間を共有しています。

思い描けたことは、きっと叶う

肌が弱いこと、身体に不調が起きたこと。母の死を向き合ったこと、父の死を前に介護を経験できたこと、女として、母として出来ること。双子の出産。そして起業してからの日々。全てのことに当てはまる大切なことは、「人に頼ること」と「わたしらしくあるために必要なプライドのかたち」です。

私には、しがみついてでも離さない、離したくない物事や、大好きな人を泣く泣く手放した経験があります。そんな自分に言ってあげられることは、「仕方がない」ではなくて、前を向くためにできること、とりあえず今できることを、やってみようということです。どんな時もどんなことも、まずがむしゃらでもいい、向き合っていきましょう。

悩むより、良くなるためにはどうしたらよいかを常に考えています。私は、「四方よし」を常に頭において行動しています。自分もよくて、お客様にもいい。地球にも良くて未来にとっても断然いいこと。また、「失敗」をなるべく頭の中で変換し、「じゃあどうしたらいいか」に切り替えて行動しています。常に変化を楽しめるような自分でいられるように、前を向いていたいと思っています。

　思いついたことは叶います。信じて行動してほしいと思います。自信なんかなくても、ハッタリからでも大丈夫です。たぶん、できることだから思いつくのだと思います。人に話してみるのもいいと思います。甘えることも大事です。横を見て、足並み揃えるなんてことは必要ありません。

　前だけ見て、上を見て進みましょう。その時々に横を見てみたらいいのです。その時必要で、手を貸してくれたり、知恵や工夫、ヒントとなるものをくれたりする人が必ず現れます。

　もし、「そんな人どこにもいない」と思ったら、ぜひ私に会いに来てください。あなたの話をぜひ、聞かせてくれたらと思います。

長岡行子さんへの
ご連絡はコチラ

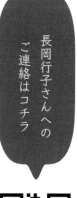

PART 16

悩んで立ち止まるのではなく、常に「四方よし」を頭に置いてがむしゃらに行動する。

学歴ない・資格ない・お金も時間もない超はみ出し者の何もない中からの逆転人生！

イベント企画・運営
トータルプロデュース業
エステサロン経営

藤澤麻子

香川県出身。飲食店で働き、食や文化の勉強をする。さらに美と健康を追求し、タイ古式・アロマリンパトレーナージュ・美容整体・パーソナルトレーナー等を学びエステサロンを起業。幼少期からある霊能力で、透視・タロット・波動調整・数秘リーディングも行っている。新規立ち上げ事業に関わりマネージメントや起業コンサル業も行う中で世の中の働き方に疑問を抱き雇わない会社。フリーランス集団の会社NIJI PROJECTを新たに立ち上げ、香川県内外で活動。フリーランス達と日々新しい企画や運営を行っている。

予測できない人生

私は現在エステサロンを経営しています。美しさとは見た目だけではなく、内面もとても重要になってくるので、当サロンではカウンセリングを重視しております。元々霊感が強く、さらに心理学やスピリチュアルを学びました。得た知識と経験を元に、必要な方にはメンタルケアや恋愛コーチング、スピリチュアル的なヒーリングカウンセリング、周波数ケア、タロットや数秘を使った占い等、男性には男塾や経営塾というコンサルもしております。

何かに迷った時、新しいことにチャレンジしようと悩んでいる時「やめておいた方がいい」と言う方が多いです。なぜなら過去の経験を元に人間の脳は失敗しないようインプットされているからです。それは今までの歴史がそうさせてしまっているところもあります。

争い、競争、組織、社会。そんな中生き残るには安全な道を選択させられるのです。

私は人生で本当にたくさんの人の相談に乗ってきました。そして今も日々、いろんな方から相談を受けます。お店のお客様、友人等はよくある話だと思いますが、それだけではなく、たまたまご飯屋さんで隣に座った人。このケースはかなり多めです。なんならそこから 店員さんまで巻き込んで相談に乗ったりして…

これが私の日常スタイルとなりました。そしてみなさんかなりディープな内容まで話してくださります。そこから更に繋がるご縁。ご縁がご縁を呼び、お仕事に繋がっています。過去に人間恐怖症で人と会話すること、声を出すことすらできなかった私が、日々人の相談に乗っている。本当に世の中何が起こるかわかりません。自分もどうなるかわからないものです。

ですが、自分が経験したからこそ人に伝えられることだとも思っています。人生の計画を立てることはとても大事です。私もコンサルのお仕事やスタッフ育成で必ず計画を立てることをお話していますし、私自身も成功したキッカケは計画を立ててスタートしたことでした。

正直世間でちゃんとした定職と呼ばれるものについたのは30歳を過ぎてからです。

今でこそエステのお仕事をしていますが、人生の計画ではエステのエの字もありませんでした。

今ある目の前のことを全力でやるのみ！　根性！　雑草魂！　これをやり続けての今のお仕事や居場所があります。

若い頃は特に夢もなく、生きていくために夢とかを考える余裕もありませんでしたし、そんな夢なんて自分が考えてもいい存在とも思えないぐらいの現実を生きていました。学歴も資格もない。お金もないし時間もない。だからその分動くしかできないし、動くしかしなかったので今まで人生相当遠回りしてきたけれど、そのお陰でたくさんの経験ができたと思います。ですが生きていく中で、計画しない代わりに私が必ずしてきたことがあります。

それは決断です。決断するって、なかなかハードルが高いもののように感じると思います。けれど人生は決断の連続だと思います。その数々の私の決断をお話ししていこうと思います。

孤独だった子供時代

——初めての決断——

私は旅館をしている家で育ちました。旅館といっても築１００年以上。とても古い、旅館というよりどちらかというと民宿に近いような宿の家で産まれました。

そして旅館業に加えて、蕎麦屋もしていました。お爺ちゃんは町会議員で公務員をしながら自営業までするスーパーお爺ちゃん。父母共にＰＴＡの会長。とても活動的で素晴らしい父母。姉も常に学級委員長や生徒会長等とても優秀。そんな凄い人達に囲まれた家庭の次女でした。表向きは裕福でみんなに憧れられる家庭風。

しかし実際は毎日生き地獄でした。精神病、ヒステリック、発狂、喧嘩、モラハラ、ＤＶ、暴力、心中未遂、毒親、見栄、家庭内別居、不倫、離婚、親戚関係、御家騒動…。まとめるとそんな感じ。

自分より大変な人は世の中にはたくさんいるとは思いますが、その時はそこが私の世界の全てでした。生きていたいとか生きる希望とか、そんなワードが頭の中に思い浮かんだことはほんとに小さな頃から一度もありませんでした。このまま朝が来なければいいのに…と毎日思っていました。朝が嫌いで、永遠に寝たふりをしたことも何度もありました。学校に行きたくなかったのです。人と考え方、感じ方や行動が違う私。みんなより進む速度が遅く、同じことがスムーズにできなかった私。無力・無能。劣等感。

学校という組織が私には合いませんでした。早く大人になりたかった。毎日みんなのようにできない自分が悔しくて悲しくて泣いていました。愛想がない、やる気がない子と散々言われました。

やる気がないのではなく私は本気しかないから、やりたくないことはできないし、何をするにしろ完璧じゃないと私は嫌なので完璧じゃない時は何もできないのです。

悲しい時は一人になれる場所を探しました。

誰にも認めてもらえない自分。学校にも家にも私の居場所はありませんでした。

争い事が苦手だった私は、揉め事が起きたら当て的になればいい。私は大丈夫と自分や妹に言い聞かせ、一所懸命に子供が強がり大人のふりをしいたそんな毎日。全ての心を無にしたらなんてことない日常。何かが寂しいというよりは、何かわからないもの全てが孤独でした。

ひとりぼっち。その言葉がその頃の自分にはピッタリでした。

中学の頃両親が離婚をし、姉も家を出て行き、父親が親権をもってくれて父親と妹とお婆ちゃんとの生活が始まりました。やっと平和になれた気がしましたが、母親がいないのと父親は仕事人間でほぼ家にいないので結構不便が多く、自分が母親的存在になると決めました。これが人生最初の決断です。残された妹にだけは可哀想な思いは絶対させたくなくて、自分の娘のような気持ちで接していたと思います。

そんなこんなで勉強をするよりも早く稼げるようになって家を出たい！　誰にも迷惑をかけず、誰の力も借りず自分一人力で生きていきたい！　自立したい！　そんなことしか考えてなかった子供時代でした。

自分の命より大切な存在

――16歳の決断――

中学卒業後はすぐに働きました。ここが私の仕事のスタート、原点です。

最初のアルバイトはホテルのレストラン。毎日朝から夜まで残業すると残業代がもらえるので、手取り15万円ぐらいは稼いでいました。そもそも、香川県でもド田舎の山の中で暮らしていたので、遊ぶこともなく遊びも知らず仕事していたため、お金は結構すぐに貯まりました。

しかし早く家を出て、一人暮らしをするために、さらにお金を稼ぎたくなり、派遣の仕事を始めました。人と話すのが全くもってできない人間だったので、私にとっては毎日が苦痛でしかありませんでした。派遣のお仕事なので、毎回知らないお店で求められた時間だけ働くスタイルだったのですが、なぜかいろんなお店のママさん達には気に入られ、とあるお店の専属契約で働くことになりました。

夜の世界はとてもたくさんの人が来ます。そして働いている人もいろんな事情を抱えた人達がいます。

嫌がらせや虐め等たくさんされ辛かったですが、いろんな人間模様を垣間見てたくさんのことを学べたと今となっては思います。

その当時は日払いだったので、もらったお金をその日にすぐ使ってしまっていました。世間的にいう柄の悪いような友だちがどんどん増えていきました。家庭環境がみんな悪く、孤独や寂しさを知っている仲間達と過ごす時間。その中にいるとなんだか自分が、普通の人間になれた気がして心地良かったのです。

仕事が終わったら、その日にもらったお金を使ったり、夜更かしをしたり、お酒を飲むととても楽しくて嫌なことを忘れられました。その頃は生きていることなんてどうでもよかった。ですが、嫌なことを忘れるために仕事をしたりお金を使っても、孤独感は全く消えるどころかまた襲い掛かってくるのです。そんな頃、しつこくアプローチされていた男性と付き合い、同棲するためにお金を貯めていた矢先に妊娠が発覚しました。

ずっと孤独で寂しかった反動で、もはや素直さや可愛らしさなんて微塵もなくとても冷めていた私。異性と恋愛なんて一度もしたことがなかった私。一番愛して欲しかった母親からの愛情が足りなかった私。そんな私に、何度も何度もしつこくアプローチしてくれた唯一の人だったので、初めての愛をもらった気がしました。

16歳の時、人生2度目の決断。出産をしました。子供ができた時とても嬉しかった。生まれて初めて自分に生きる意味を与えられた気がしました。

この子を何があっても私が絶対に守る！ そう決めました。

結婚願望なんてありませんでしたし、家族というものに心底ウンザリしていた分、憧れも人一倍強かったの だと今となっては思います。

本当の家族が初めてできた喜び。全く何の不安もありませんでした。

「中絶しなさい。」大人達の言葉。

「けれど中絶するのも産み育てるのも全て私なのだから、他人が決める言われはないです。私が決めます！」キッパリ言い切り、彼氏に別れようと伝えました。

「産むのなら籍を入れてもらわないと困る。」相手の親御さんの言葉です。

世間体をとても気にする家族で、気にするところそこ？　と疑問に思いましたが、父親に「産みたいのであれば我慢して耐えなさい。」そう言われました。

「卑怯な手を使いやがって」あの時言われた言葉は一生忘れません。

私は子供を守りたい一心でひたすら我慢をしました。ですが現実は、子供が親になるのだからそううまくはいきません。

子の父親は借金、遊び、浮気日常茶飯事で生活費ももらえず、結局当初貯めていた自分の貯金を切り崩し、貧しいながらもなんとか娘を産み育てることができました。

娘はとても可愛いく愛おしく、絶対に守り抜く！　その気持ちがさらに強くなり、結果的に一緒に暮らすのは困難と判断し、書面上だけの結婚・離婚をしました。若気の至りなので、それについては相手に何の恨みもないですし、私自身も全く後悔はしていません。

ただ一つ言える後悔は、娘は一度も父親に会えていないこと、普通の家庭をあげられなかったことです。

そんなこんなで娘には絶対に苦労させたくない！　自分が味わった寂しさやお金の苦労だけはかけたくない。一日４件程早朝から深夜までバイトを掛け持ちしてなんとか育てることができました。１日のスケジュールがパンパンだったので、車の中に着替えをたくさん積んで、バイトが終われば次の仕事着を車の中で素早く着替え、次の仕事に向かう間に運転しながら食事を取り、合間で家に戻って家事をし、また急いで次の仕事に向かう日々を送っていました。

学歴もない。何の資格もない。信用もない。お金も時間もない。若いシングルマザー。若いから何もできない。仕事や子育てとか適当なんやろ。そう思われたくなくて一所懸命子供が大人ぶり、育児家事の勉強をし大切に大切に育てましたが、やはり父親がいない兄弟がいないことや仕事ばかりで寂しい思いをさせてしまいましたし、その反動で親子関係は上手くいかず苦悩しました。

20歳の決断

20歳の時3度目の決断。人生一度きり。

大阪に行こうと決めました。その頃香川では順調に働いていたのですが、ただの雇われシングルマザーでは終わりたくなかったのです。姉と私が血みどろになって働いた夜の世界。寂しさを抱えた人間が多い世界。もっとハッピーなお店。働く女の子が働く意味を持ち、夢を叶えるための通過点となる店を2人でしよう！　そんな気持ちで父親の猛反対を押し切り「絶対に無理やって、やめとけ」と馬鹿にされつつ、お金も地位も名誉も何もない2人が大阪の堺でスナキャバをオープンしました。

とりあえず堺の夜の街に繰り出し、気になったお店何店舗か飲みに行きました。お客様が1人もいないため、堺で流行っているキャバクラに潜入しました。

過去に血みどろの世界を味わってきた私は、入った初日店長に「女の子が嫌がるお客様全員私に付けてください」とお願いしました。キャバクラはお客様1人につき女の子1人が必ず接客するシステムです。そして気に入ると指名することができます。

私はみんなが嫌う、癖が強かったり怖そうなお客様を全員自分の顧客にし、1か月もたたないうちにNo．1になりました。世の中どれだけ本気かで結果が変わります。

これはどんな職業にも言えることだと思います。見た目が可愛いから、美人だから、スタイルがいいから。それももちろん必要なことでしょうが、最終的にそんなことは関係ありません。どれだけ本気か、お客様が求めているものは何かを考え言動・行動することがとても大切になってきます。

実家の旅館で学んだおもてなしの心と、プロ意識。数々のアルバイトをして自分が感じたことのおさらい。たとえ人が見ていなくても自分の最善を尽くす。ライバルは自分。水商売だからって馬鹿にしてはいけない。そして働く者は誇りを持ち、プロ意識を持たないといけない。

私はお客様一人一人を大切にし、信頼し誇りを持って働きました。お客様とか店員とか関係なく、本来はお互い人と人の間に成り立つ関係や時間。大切なのは目先のお金ではなく人。それを接客のお仕事を通して私は学びました。

ありがたいことにどんどんお客様は増え、さらにはそこで働いていた女の子と運命の出会いをし、後に新しく始める店のスタッフとなり、今でもソウルメイトと呼べる一生の友人となる財産を得ました。新店舗の準備ができ、3～4ヶ月ほどでそのお店を辞めてオープン。私たちのスナキャバはすぐに繁盛店になりました。

しかし、私はただの水商売のお姉さんではなく、母親です。それ以外の時間は娘のご飯、掃除洗濯、保育園の送り迎えが必ずあります。朝になるとお腹すいたと娘に起こされる毎日。保育園までの道のりが長かったので、機嫌の悪い娘に一所懸命モチベーションを上げる努力をしながら、歩きや自転車で保育園まで行き、帰りは寝ているのでおんぶして帰る。

毎日同伴出勤、仕事で毎日あり得ないほどのお酒を呑む。21～22歳の私は子育てと仕事で遊ぶことなんて知りませんでした。心も体も疲れ果てていました。同年代の周りの子達はまだ学生です。実家のご飯を食べて、学校に行って友達と遊んだり、恋愛したり、本当はすごく憧れていました。

でも自分で選んだ人生です。耐えろ！ 自分を信じろ！ 売り上げ上げろ！ 従業員を守れ！ いつか笑ってやる！ いつか見返してやる！ お客様はみんな恋人！ スタッフもみんな家族！ 毎日に感謝して生きる！ その気持ちで頑張りました。

それは全て自分のためというよりかは家族の幸せのためです。香川に帰りたい…密かに泣くことも多かったですが、お客様は本当にみんな良くしてくれて、それだけが私の心の支えになりました。今でも大阪時代のお客様やスタッフには感謝しています。

母子家庭からの目線と女性や雇用者の働き方への疑問

娘が小学生になるタイミングで、自分の育った大自然の中で育てたいと香川に帰省しました。

そんな中、私は母子家庭ということもあり、仕事と家庭の両立の大変さやその現実を目の当たりにしてきました。世の中はまだまだ女性が働くには厳しい世の中です。だからこそ、働いていく上で気付いたことや大変だったことがたくさんありました。

その中で組織はいらないと強く思いました。組織に入ると何時から何時までは必ず拘束されます。ルールに従わないと全体の秩序が乱れるからです。けれど現実は子供の学校、送り迎えや習い事。子供の急な体調不良。女性特有のホルモンバランスの乱れによる体調不良や月1の生理等…。

男性には理解できない、仕事ではない、賃金が発生しないけれど必ず毎日仕事のようにしないといけない日々の家事やプライベートな時間が女性には必ずつきまといます。

女性はプライベートが充実しないと仕事に影響します。仕事が苦痛になり、家庭内も苦痛にしかなりません。これは自分自身の体験のみならず、後にスタッフ育成でも感じていた現実の問題です。

私は子供の頃からずっと疑問を抱いて育ってきました。私は何をしてもトロく、体も弱かった。でもルールにのっとり、みんなと同じペースにしないといけません。どれだけ努力しても、食べられる量や進むスピード、体力は違います。性別も違う。体の大きさだって違う。個性も違う。それなのにみんな均一に平等にすることが果たして平等なのでしょうか？常に疑問でしたし、正直生きるのがとても辛かったです。それは大人になり社会に出ても同じでした。

私は組織で働いていたときに「みんな何かしら我慢する。それが組織で会社だから。」と言われました。日本はとても恵まれた国で本当に感謝しないといけないことが多いです。けれど、とても窮屈で生きにくい部分があります。頑張ることが普通。我慢は当たり前。頑張ってないとおかしい。みんなと違うと変。目立つのは恥ずかしいこと。目立つ人は必ず批判されます。個性的は変わり者と言われます。

果たしてそれは幸せなの？幸せな働き方をしている人は世の中にどれだけいるのでしょうか。大体の人が、上司にはもう何を言っても無駄。言ったら返ってくる返事はわかっている。話し合いがもはや面倒臭い。言われたことだけもうやっとこ。我慢することや諦めることが当たり前の毎日になっています。諦めることは簡単だけれど、私は諦めるという言葉が好きではありません。

なぜならそれは自分の正直な気持ちではないからです。諦めるという言葉の意味は、もう希望や見込みがないと思ってやめる。断念する。という意味です。それはなんと悲しいことでしょうか。なぜ諦めないといけないのでしょうか。

能力や可能性は一人一人違います。だからこそ面白いし、その個人の能力を伸ばすことこそが、組織全体の繁栄に繋がると思います。それぞれが自分の良さを出し、仕事に誇りと責任を持ち働ければ個人が輝きます。そしてその働く職場が組織であれ、なんであれ自分の大好きな空間になり、そこに集まってくる人や環境がとても良くなり、毎日楽しく働けるようになってくると私は思います。

それを感じた時、私は雇うのではなく全員フリーランスの会社を創りたい！今まで苦しみながら働いてきた人達が自ら生きていける場所や能力をつけるお手伝いをこれからしたい。女性や今まで働くという行為に対してしんどさや息苦しさを感じている人が働く意味や可能性を見出せられる場所や空間、働きやすい環境づくりと雇用を増やすことが、これからの私のテーマかもしれないと感じました。

私の使命
――新たな決断――

この社会の問題は毎日のように喧嘩していることではなく、しっかり喧嘩できないことにあります。喧嘩を勧めているのではなく、相手を知り理解するコミュニケーションは大事だと思います。デジタル化が進み、話す前にもはや話そうともせず面倒くさがり何かに頼り、任せ、委ね、理解するまでに決定されていることが今の現代には多い気がします。

男女のもつれやトラブル、不安、悩みもそうだし、自分が分からない。自分探しをしている人が多いのもそこが理由、原因になっている気がします。

相手を知らないと正直何もわかりません。相手との距離があるから、自分自身もどうしたいのかわからなくなる。わからないけど聞かない。自分の頭の中の世界だけで物事を考える。わからないから不安…不安が不安の連鎖を生む。自分の世界と相手の世界は全くの別物。違うから怖いのではなく、違うから理解し合うことが私は大切だと思います。そして面白い。最近恥ずかしいと思うことは全然恥ずかしいことではないと思っています。

相手を知る前に決めつけていませんか？　自分のイメージだけで判断し決定していませんか？　それは自分勝手な妄想や思い込みであり現実的ではありません。ビジネスも恋愛も友達も家族も、年齢性別関係なく全ての関係を良くするのはコミュニケーションです。いろんな感情があるから新しいものが生まれます。人の感情はとても美しいものだと思います。全てを感じて楽しむ気持ち。それをこれからも共有・吸収し、シェアしていけたらいいな。そんな気持ちを形にしたくて、その時にあった地位や居場所、創り上げてきた物や人、全てを捨てて新しい会社を立ち上げました。

それが「ＮＩＪＩ　ＰＲＯＪＥＣＴ」です。これは組織というよりはプロジェクトです。なので様々な他業種のフリーランスが在籍しております。自分の働きやすいスタイルでお仕事をします。

虹は沢山の色があります。それは個人個人が持つ個性の色。一つだけでは完成しません。沢山の色、個があるからこそ一つの美しい大きな虹、橋になります。その想いを込めてこの社名にしました。

夢を夢では終わらせない。たくさんの夢を集めてそれを形にするお手伝いがしたい。

今の私に出来ること。資金提供、場所提供、お仕事を提供する、ノウハウを教えることです。夢を持っているけど現実化できない。お金がない。資格がない。スキルがない。時間がない。
そんな人が活躍できる環境を創りたい。私の幸せはたくさんの人を幸せにすることです。たくさんの人と繋がり、活動は香川県のみならずここから全国、世界へ配信していき、海外の方達と文化交流をし、そこから日本や地元香川県並びに私が育った町を知ってもらい、地域貢献の活動もどんどんしていく予定です。

まだまだ語り尽くせない程、私の人生には数々の試練がありました。口に出したらきりがありませんが、もう人生の決断は20回以上になります。底辺と呼ばれる仕事もたくさんしています。偏見価値観は自由ですが、私は人にできないことをたくさん経験したこと、自分に誇りを持って生きています。その度に人間が怖くなり「神様おるんかよ」と生きていくことが苦痛になったり精神病んだりしたこともありましたが、逆に言えば人一倍、人何百回倍は生きていることをリアルに実感できている人生だと思います。

私は今まで自分が持っていないものを持っている人を羨み、自分の生まれた場所や環境、自分自身を嘆き悲しみ苦しみ、ずっと自分と闘い続けてきました。ですが、未来を変えることで現在が変わり、過去がとても尊いものとなりました。今は自分の両親や姉妹、今まで出会った人や試練や苦悩、起きた全ての出来事に感謝しています。

常に人間の物体は死と隣り合わせ。メメントモリ。人生いつ何が起きるかわかりません。

だからこそ今を全力で生き、楽しむ！　これから何が残せられるかわからないけれど、恐れをなさず、私はチャレンジし続ける存在でありたい。自分が辛かったり苦しかったり悩んだ分、人の気持ちがよく分かるからこそ同じように今困っている人を助けたい。失ったものが多かった分、人が怖くてできないことが私にはできます。私は経営者じゃなく起業家。あるものを大きくするよりもないもの、ゼロから生み出すのが大好き！

人生は何度だってやり直せる。それを私が生きることで伝えていきたい。

これからも死ぬまで私はたくさんの人と関わり、私が生きた歴史を後の人達へ残していこうと思います。それが私の残された使命であり新たな決意です。

どうせはみ出しまくった人生。それならとことんはみ出しまくって新しい何かを生みしていく。これからもそんな人間で私はいたいです。

藤澤麻子さんへの
ご連絡はコチラ

PART 17

生きてることや死を嘆き
哀しむよりも死ぬ間際
「生きててよかった」
ただその瞬間のために
今を全力で楽しみ生きる人生であれ

離婚・子育て・田舎暮らし。言い訳をしている自分と決別したら、全ての経験が起業へとつながった。

松坂直子

フードサービス
ケータリング事業

青森県八戸市出身。24歳のときに突然訪れた、飲食店経営のチャンスをつかみ起業。シングルマザーで息子2人を育てながら、現在ではたくさんのスタッフに囲まれて、多岐に渡る店舗を経営。

母親業から発展した、キャラ弁作りやお弁当に関する基本的な知識、テーブルセッティングや盛り付け、簡単なスイーツ作りなどの講師としても活動中。

私は青森県八戸市という小さな港町に生まれ育ちました。現在はシングルマザーで、高校生と中学生の男の子を絶賛育児中です。長男が1歳の頃に起業。24歳からフードサービスやケータリング事業などを経営し、今年で16年目を迎えます。

経営の傍ら、キャラ弁作りやお弁当に関する基本的な知識、食事に華やかさを添える飾りのテクニック、盛り付けや簡単なスイーツ作りなどを教える講師として県内外で活動しています。

この本を手にしているということは、何かを始めたいけど躊躇している、または始めるきっかけやタイミングを悩んでいる方なのではないでしょうか?

今からお話しする私の経験談が、あなたが一歩を踏み出すきっかけになればと思います。

なーんて耳心地の良い言葉は苦手なので、グサッと刺さる言葉もあるかと思いますが、心して読んでいただければと思います(笑)。

働くって楽しい！
行動力抜群のティーンエイジャーの誕生

私は学生時代から学校の勉強についていつも懐疑的でした。何のために方程式って覚えるの？　江戸時代のことってそんなに大事？　と。こんな考えですから成績はいつも中の下。一方で、R＆BやHIP‐HOPなどの音楽が大好きだったので、英語だけは勉強し、唯一良い成績でした。「好きこそ物の上手なれ」その言葉が本当にしっくりくる性格だったと思います。

部活は、遠征が多く、授業を受けなくていいという不純な動機で、当時市内最強だった柔道部へ入部しました。負けず嫌いが功を奏し、数々のタイトルを取ることができました。そのおかげで特待生として引く手数多でしたが、両親の強い反対で、渋々進学校へ進むことに。

行きたかった第一志望の英語科も先生から反対され、普通科へと進学。反抗期真っ只中だった私は親とぶつかることが多く、家出を繰り返していました。

生活費を稼ぐためにアルバイトを始めると、つまらない授業を聞くよりも仕事をしている方が楽しくなり、高校を1年で自主退学。それからは、ありとあらゆるアルバイトを網羅しました。ファーストフード、アパレル、寿司屋、ポスティング、夜のお仕事（時効ということで）、銭湯の掃除、などなど。小さな田舎町で、10代ができるアルバイトならほとんどやり尽くしたと言っても過言ではありません。

その後、上京したら何かが変わるかも！と、田舎っぺあるあるの幻想を例外なく私も抱き、アルバイトで貯めたお金を握りしめて、16歳で「オラ東京さいぐだ！」と意気揚々と上京しました。何とか住み込みのアルバイトを見つけましたが、十代のお上りさんが何のツテもなく大都会で働くのは、ハードルが高すぎました。

現実の厳しさを知り、憧れの都会には馴染めず、結局1年で地元に戻り、また朝から晩まで働く毎日を送りました。

十代の頃から仕事が楽しくてしょうがなかったため、どの仕事も一生懸命に取り組みました。その分信頼され、シフトもたくさん入れてもらえましたし、バイトリーダーとして責任のある仕事も任されるようになりました。

当時17歳で高卒の初任給より稼いでいたと思います。

そして19歳になり、3店舗の運営を任されるまでになりました。20名以上いるスタッフは、ほとんどが年上です。どうしたら自分の指示を聞いてもらえるのかをいつも考えていました。自分なりに試行錯誤しながらも、毎月売り上げを伸ばし、繁盛店へと成長。自ら提案した企画で利益が出ることにやりがいや楽しさを感じ始め、その頃から自分で起業したいという夢がじわじわと膨らんでいきました。

コツコツと「自分の城」を築くための開業資金を貯めて、店舗の内見へ行ったりもしました。もちろん自信もありましたし、実際に起業することもできたと思います。しかし、「私がいなければ店がまわらなくなるかもしれない」「社長の期待を裏切れない」など何かしら体のいい理由をつけて、なかなか一歩踏み出すことができませんでした。いや、踏み出さなかったのです。

23歳の挑戦
―出産・育児と起業の両立―

それから4年が経ち、売上全盛期のスタッフ達が次々と退職しました。繁盛店だった勢いは徐々に失速。周りが離れていって初めて、自分を過信し自惚れていたのだと痛いほど思い知らされました。すっかり自信をなくした私は、結婚を機に退職することにしたのです。

離職はしたけど、もちろん臨月まで働く毎日。大きなお腹を抱えながら焼肉屋さんで炭火おこしのアルバイトをしました(笑)。

あっという間に臨月！ その時23歳。出産・育児は、当たり前ですが初めてのことだらけで毎日がてんやわんや。1日の終わるスピードが何倍も早く感じられました。大学を卒業し、新社会人としてキラキラしている同級生を見て、羨ましいと思う余裕すらありませんでした。

そして息子が1歳の誕生日を迎える頃、飲食店を経営する先輩からダイニングバーをやらないか？ と突然連絡が来たのです。その話がきっかけとなり、ぼんやりしていた「夢」の輪郭がまたフッと浮かび上がりました。

夢にまで見た自分の店を持つチャンスだ！という嬉しい気持ちの反面、「子供はまだ1歳だし、子育てしながらなんてきっと無理にちがいない。現場から離れて数年経っているがお客さんは来てくれるのだろうか？ 私に経営なんてできるのだろうか？」と、できない理由ばかりが頭を駆け巡っていました。起業したい！ と意気込んでいた頃のような自信がなかったのです。

そんなモヤモヤをふっ飛ばしてくれたのは、中学時代からの友人でした。

「らしくないね！ いつもの直子なら、やってみてから悩むでしょ？ 子育てしながらできることをやったらいいじゃん！」と一蹴。迷いや不安でくすぶっていた気持ちにパッと火がついた瞬間でした。これが最初のターニングポイントになりました。

思い立ったが吉日！ そこからは本当にあっという間でした。託児保育園の申し込みをして、賃貸契約の手続きを済ませ、備品などは居抜きだったので、やると決めてから準備が整うまでに約3週間！（笑）さらに、私が店を出すと聞いて、当時一緒に働いていたスタッフたちが4人集まってくれたのです。心強い知己朋友に囲まれ、ドタバタと私の起業人生がスタートすることになりました。

今考えてみると、起業の準備をしているだけでは一生準備期間でしかありません。1歩踏み出す勇気とか覚悟とかそんな一大決心をしなくても、できることからスタートすれば起業ってそんなにハードルは高くないのです。もちろん不安も迷いも全くなかったわけではありません。けれど友達の助言どおり、「やってみてから悩めばいい」と思ったら心が軽くなりました。

育児と仕事の両立はもちろん簡単ではなかったです。初めは思うようにできず、両立と言えるほど立派なものではありませんでしたが、家族や周りのサポートのおかげでなんとか両立できていました。「親はなくとも子は育つ」おかげで!?(笑)現在17歳になる長男は、炊事洗濯掃除、何でもこなせるスーパー高校生に成長しました。

カクテルコンペへの挑戦

──母親の背中──

さて話を戻して、お店が軌道に乗り始めた頃。旧知のバーのマスターからカクテルコンペティションに出場してみないかと誘われ、チャレンジすることにしました。これが第二のターニングポイントです。

なぜ私がコンペに出場しようと思ったかというと、第一に仕事のスキルアップのため、第二に子供達に何かしらの実績を残して見せたかったからです。コンペで良い成績を残せば、新聞に取り上げられたり、賞状やトロフィーがもらえたりします。目に見える形で働く母親の背中を見せたかったのです。

大人になってから優劣をつけられたり、賞を取るために必死に練習したりというのは、学生の頃とは訳が違います。仕事が終わってから毎日2時間の練習、泣きながら朝まで練習したこともありました。冒頭にも書いたとおり私は負けず嫌いです。母親業を言い訳にしたくなくて、息子を背負い、ミルクを飲ませながら練習に励む日もありました。

その結果、念願のタイトルを手にすることができ、やればまだまだできるじゃん！という自信につながりました。

その後次男を出産し、26歳で二児の母となりました。子供二人を抱えながら、毎日の業務とコンペの練習は正直記憶が飛ぶほど目まぐるしかったです。保育園や小学校の行事には寝ずに参加したこともありました。

また、普通のお母さんらしいことができなかった分、お弁当だけは手の込んだものを作ろうと、当時流行り始めたキャラ弁を作るようになりました。お弁当を開けた時の喜ぶ顔を想像すれば、どんなに疲れていても作ることができました。これが現在のキャラ弁の講師活動に繋がっていったのです。

起業5年目にして、最初の店の3倍はある店舗へ移転しました。大箱への移転はフレアバーテンディングをお客様に披露するためです。フレアバーテンディングとは、映画「カクテル」のトムクルーズや「コヨーテアグリー」のように、お酒のボトルやシェイカーをクルクルと回転させ、パフォーマンスしながらカクテルを作ることを言います。

当時八戸市では毎月大会が開催され、県内外だけではなく世界中からたくさんのバーテンダーが参戦していました。私はもちろんスタッフ全員で出場し、そこで多くの選手と知り合い交流できたことで、仕事に対する価値観や世界観が大きく広がりました。この出会いが後に海外で仕事をするきっかけへと繋がっていったのです。

フレアでパフォーマンスすると、みんなが笑顔になり、サプライズを仕掛けたお客様も、仕掛けられたお客様も「ありがとう」と泣いて喜んでくれることがありました。フレアバーテンディングがきっかけで、人を笑顔にすること、感動させることが、私の仕事のやり甲斐になっていきました。競合店がほぼなかったため、その後も順調に業績を伸ばし、経営は順風満帆でした。

100年に一度の大災害
――今できることは全てやる――

しかし、2011年3月、東日本大震災で甚大な被害を受けたのです。移転したばかりの店舗はめちゃくちゃに壊れ、停電、断水、復旧しないライフライン、食材の調達もままならず、これからどうすべきかと途方に暮れていました。また、父が宮城県石巻市に赴任直後のことで、電話はつながらず、メールも届かない…安否確認できず不安な日々を過ごしました。

けれど何もしない訳にはいきません。ガラスの破片や壊れた什器を片付けながら、飲食を通じて私たちができることを必死に考えました。こんな時に営業を再開していいものかどうか、逆にこんな有事だからこそやるべきなのか。

出来得る範囲で料理やお酒を提供し、震災で不安な日々を過ごす方に少しでもホッとできる時間を過ごしていただくことはできないだろうか。余震が続く中、ラジオから流れる行方不明者の名前、耳を塞ぎたくなるほどの被害、日に日に増える死者の数。

さまざまな葛藤がありましたが、震災から1週間後。ローソクの明かりを灯して営業を再開しました。

するとポツリポツリとお客様が来店し始めたのです。単身赴任でこちらに来ていた時に被災し津波で家族が亡くなってしまった方、救助活動で現地へ赴いた自衛官、出張で来ていたが帰れずに困っていた方など、「ここが開いていて良かった」と言ってくれる人がたくさん現れました。

それから2週間後、ライフラインが復旧し、なんとか避難した父とも連絡が取れ、ホッとしたのも束の間。徐々に地震の爪痕がまざまざと浮き彫りになってきたのです。災害ボランティアへ向かう道すがらに見た光景に愕然としました。大型タンカーが流され道路に乗り上げ、津波で破壊された海岸沿いの変わり果てた姿。

震災直後は目の前のことに必死で、周りを見る余裕がありませんでしたが、被害の大きさを目の当たりにして初めて、このままお店を続けていけるのだろうかという不安と、また大きな地震が起こるのではないかという恐怖に襲われました。

そんな時、全国の飲食店関係の友人達から、グラスや食器、物資やお酒が送られてきたのです。「もう無理かもしれない」と弱気になっていましたが、友人達の温かいエールで、また一から立て直そう！できることをやってみよう！と前向きな気持ちになれました。

100年に一度と言われる大災害を経験して感じたことは、想像もできない出来事は起こりうるということです。当たり前と思っていた明日が来ないことがあるのです。生死に関してこんなにも深く考えたことは今までありませんでした。

今、生きていることが奇跡で、普通に暮らせていることがどんなに有り難いことなのか、支え合える人がいる幸せに感謝する気持ちがより一層深まりました。

震災を機に、今できることは今のうちにすべてやる！という精神を持つようになりました。これが第三のターニングポイントです。

その後、復興支援の後押しもあり、もとどおりとまではいかないまでも、徐々に客足も戻り、通常の営業ができるようになっていきました。そしてお店が10周年を迎える頃、長く勤めるスタッフたちが、結婚や妊娠を機に退職していくことが多くなりました。そのことから、結婚してもお母さんになっても働ける環境づくりを目指した店を作りたいと思うようになりました。

定時には仕事が終わり、急な熱が出たら気兼ねなくお休みができて、子供の行事には毎回行ける、そんな働くママに優しい職場づくり。

そうすれば、長く勤めてくれた信頼ある人材の流出を防ぎ、かつ共に子育てしながら働き、やり甲斐のある職場を作れるのではないかと思ったのです。子育てをしながら働くことの大変さは身を持ってわかっているつもりでした。

そして希望を胸に、2店舗目のカフェをオープンしました。自分が持つ人脈をフルに活かし、いろいろな人に協力してもらいながら、完全セルフリノベーションで二ヶ月かけて改装しました。

それまで自分が歩んできた人生やキャリアの集大成という感じで、完成した時はとても充実感と達成感がありました。その1年後には雑貨店、またその2年後にはドリンクスタンドを次々と開店していきました。

震災後に誓った「今できることは今やる！」を実践していったのです。集まったスタッフは8割方ママで、さらに半分はシングルマザーでした。

当初の目標を目指し、みんなが働きやすいように手探りながら一生懸命考え実践しました。しかし、現実は理想とはかけ離れたものになってしまったのです。

ママの想いがビジネスへ
――キャラ弁教室開講――

今まではスキルを磨き、お客様に喜んでもらう事で成功体験を積み、「やり甲斐」を感じることで働く楽しさを理解するといった働き方を実践してきました。しかしそれがスタッフには全く響かないのです。

こんなにも「働く」ことに対しての価値観が違うのかと愕然としました。ライフワークとライスワークの違いをその時はまだ分からなかったのです。

「ライフワーク」とは、自分の人生（life）をかけて取り組みたい仕事、「ライスワーク」とは、お米（rice）を食べるため、つまり生活していくお金を得るための仕事です。そこに共通認識がなかった私は、ママワーカーの敵となってしまったのです。子育てしながら今の勤務は難しいというスタッフに「私は直子さんじゃないからできません！」と泣かれた時は返す言葉がありませんでした。

そうなると後は早いです。離職が止まらずお客様も激減。スタッフとの意思の疎通もままならなくなり、経営不振で窮地に追い込まれていきました。

自分がみんなを幸せにできるという自惚れと、思いが伝えられなかった悔しさで落ち込み、車でわんわんと子供のように泣いたこともありました。

そして畳み掛けるように、信頼していたスタッフに裏切られ、人を信じることに恐怖心を感じるようになり、どんどん自暴自棄に陥っていったのです。それでも仕事を休むわけにもいかず、残ってくれたスタッフ達と試行錯誤しながらできることを必死にやり続けました。

疲れ果てて家に帰ると、「ママー明日は○○のお弁当作ってー」と息子たちが駆け寄ってきます。無邪気に笑う息子たちの存在がこの時は唯一の救いでした。

そんな時、作ったキャラ弁を毎週ＳＮＳで発信していたら、「教えて欲しい」という声をかけていただいたのです。しかし、教室を開くならきちんと学ばなくてはいけません。ネットで調べてみると「キャラベニスト協会」なるものを発見し、すぐさま受講すべく東京へ向かいました。そこで出会ったのが代表理事のＥさんです。

この出会いがきっかけで、某芸能事務所のお仕事を紹介してくださったり、東京での仕事のサポートをしてくださったりと、Ｅさんのおかげで道が大きく開けていったのです。後に繋がるご縁だったとはこの時は全く思いもしませんでした。

キャラ弁の講座でお弁当の衛生面や栄養面などをしっかりと学び、講師としての活動をスタートさせました。初めての教室はなんと親子50人！　しかも火も包丁も使わずに作るという難題です。これは神様に試されていると俄然やる気に！　逆境ほど燃えるタイプなのです(笑)。

そして、キッチンハサミとレンジを駆使して、幼稚園児でも作れるキャラ弁を作成しました。初の教室は無事成功。最初がこの人数だともはや怖いものなしです。

その後も、幼稚園や保育園、ろう学校、企業イベントなど次々と依頼をいただき、新たなスタッフも増え、少しずつ経営も安定していきました。

そしてこの方もまた、私の経験値をグッと引き上げてくださった一人です。社員研修旅行先のシンガポールで偶然出会ったCさん。ラオスでカフェの経営やコンサル業を営む傍、日本ではテレビやラジオ、イベントのお仕事などをされている方です。某高級時計の発売記念パーティでケータリングのお仕事をいただいたり、ラオスでキャラ弁教室を開かせていただいたりなど、海外での仕事の事例をたくさん作ってくださいました。どこでどんな出会いと繋がりができるのか本当にわからないものです。

ここまで読んでいただいて何となくおわかりいただけたと思いますが、私は昔から運がいいのです。崖っぷちにいても、だいたい何とかなってきました。何とかなったと思い込んでいるだけかもしれませんが(笑)。

特に私は出会い運が強いのだと思います！ ここにはまだまだ書ききれないほど、さまざまな出会いからいただいたご縁や仕事が山ほどあります。そしてその方たちからたくさん助けられて今があります。

「好き」という気持ちのパワーでチャレンジしよう

10代のがむしゃらに働いた経験も、大会の練習も、震災の辛さも、息子たちのお弁当作りも、講師としての仕事も、そのすべてが「今」の糧となっています。一見するとなんの接点もないようなさまざまな経験が経験値として蓄えられ、人に会うこと、すなわち行動することで、それらを活かせるチャンスが生まれ、困難を乗り越え続けてきました。

最近、起業したいママや若い方たちから相談されることが増えたのですが、ほとんどの方が、過去の私と同じ理由で迷っていたり、悩んでいたり、躊躇したりしています。

しかし、起業の相談に来ているはずが、「やりたい事」の話からいつの間にか「できない理由」の相談になってしまうパターンがほとんどだったりします。

実際の話、子育てしながら経営していくのは簡単ではありませんでした。よく女性起業家の本や体験談には、素敵な洋服を着てキラッキラな笑顔で、気持ちの持ちようで輝ける女性にみんななれる！　などと書いてありますが、正直そんなタイプは稀。現実は髪の毛振り乱して、育児と仕事に翻弄される毎日だったりするのです(笑)。

だからこそ冒頭でも話したように、「自由に生きるため」「女性も母親も輝く働き方」なんていう耳心地の良いフレーズを聞いて始める「なんとなく起業」はオススメしません。だって正直大変だったもの(笑)、簡単には背中は押せないでしょ?

起業したから幸せで成功というわけではないのです。どんな仕事にだって多かれ少なかれ辛いことはありますよね。でも苦境に立ったときに、精神面でもスキル面でもリカバリーができるのは、自分に向いていることや得意なこと、好きなことだからだと思うのです。

時間は誰に対しても平等だけれど有限だから、やりたいことや目標があるのなら、成功するかしないか、うまくいくかどうかを気にするより、やってみるかやらないかの2択。あとはやりながらトライアンドエラーの繰り返しです。できないと嘆くよりも、できることを工夫してやってみればいいのです。

近年、新型コロナウイルスの影響で、フードビジネスはますます向かい風しか吹かない状況です。震災の時とは違った世界的危機に、今までの経験値は一旦御破算！　またゼロイチを生み出していかなければなりません。

帆を張り直し、方向を変えれば、向かい風を追い風にすることだってできるはずです。

「100年に一度」というフレーズをもう何回聞いたことでしょうか。

100年に一度しかない困難に何度も遭遇するこの時代に、継続し続けられる事業を育てることは、これからの私たちの大きな力になると信じています。

私は人を笑顔にできる今の仕事が大好きです。これからも私たちが生み出すサービスで誰かを幸せにしていきたい、笑顔にしたいと本気で思っています。

皆さんも、いろんな「できない」の理由に屈せず、「できるかも！」の可能性を「好き」という気持ちのパワーでチャレンジしてみてください！

最後に、子育ての教訓にもしている「植松 努」さんの言葉『思うは招く』をご紹介します。知らない方はぜひ検索してみてください。


「世界を良くしていくためには、やったことないことやりたがる人、諦めない人、工夫する人が増えればいい。どーせ無理、に負けない人が 増えればいい。（植松 努）」

松坂直子さんへの
ご連絡はコチラ

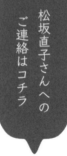

PART 18

「できない」理由に屈せず、
「できるかも!」の可能性を
「好き」という気持ちのパワーで
チャレンジしてみる

普通の主婦でもできた！
『私』＝『子育て』＋『仕事』＋『自分の時間』をつくるプロセス

サロンオーナー

松崎綾乃

Rose Jasmine代表。1983年生まれ。愛知県名古屋市在住。エステサロン（フェイシャル・リラクゼーションボディケア・脱毛・メンズ脱毛）とメンズ脱毛専門サロンの2店舗を経営。名古屋文理短期大学で栄養学を学び、栄養士資格を取得。短大卒業後は薬局で栄養士として就職するもすぐに退職。その後、エステサロンに入社。人に施すことができるエステの魅力に惹かれ、いつかは自分のお店を開きたいという夢を見つけ、結婚・出産そして離婚を期に独立開業。スタッフは全員フリーランスで、プライベートと仕事の時間をうまく使えるような働き方改革を推進している。

現在のわたし

私はやりたいことが見つけられず、受験勉強から逃れたい一心でＡＯ入試を受けました。名古屋文理短期大学で栄養学を学び、栄養士資格を取得。短大卒業後は薬局で栄養士として就職するもすぐに退職。その後、エステサロンに入社。人に施すことができるエステの仕事の魅力に惹かれ、いつかは自分のお店を開きたいという夢を見つけました。
結婚、出産、そして離婚を期に独立開業。子育てしながら働くうちに、自分の時間の大切さに気付きました。「仕事の時間とプライベートの時間をきっちり分けて、リフレッシュしながらすべての時間を楽しく前向きに過ごそう」と、子育てや仕事で行き詰ったときに独立を決意！

「私」＝「子育て」＋「仕事」＋「自分の時間」

プライベート（私としての時間）をうまく作ることで、忙しい毎日も楽しく過ごしています。

「この人生楽しかったな」と終わることが目標です。


現在の仕事は、マンションの1部屋を利用して、エステサロン（フェイシャル・リラクゼーションボディケア・脱毛・メンズ脱毛）とメンズ脱毛専門サロンの2店舗を経営しています。

スタッフは、全員フリーランス。自分の時間と仕事の時間をうまく使えるようなスタイルで契約することで、働き方改革を推進しています！

また、開業サポートや集客サポートもたまに行っており、女性の独立のサポートに力を入れていきたいと思っています。

栄養士からエステティシャン!? 驚愕の方向転換

短大卒業後、薬局にて栄養士として就職するも栄養士業務はなく…。接客が向いていると言われてしまい、レジ打ち接客業務ばかりの日々。

後日、本来自分の行うはずだった栄養士業務に別の新しい人が採用になる…。「大人なんて信じられない。」と、薬局を半年で退社。勤めていた半年間のうち、栄養士業務は、ほぼありませんでした。


退社後、何がやりたいのか？と悩む日々。今一番したいことは…自分のムダ毛を脱毛したい？外車に乗りたい？痩せたい？当時は紙面でペラペラと求人を探す日々。エステサロン？車屋さん？スポーツ関係？興味のあることをメインに求人を探していました。

求人誌の中で目に留まった、大手エステサロンに面接にいき、採用をしてもらったことがエステ人生の始まりとなりました。華々しく思うけれども…やはりそこは、女の職場。恐怖の女の園。営業の業績は取れるも、店長とは合わない。成績が悪い子のほうが可愛がられていたり、途中、事務で入っていた派遣さんが急に精神崩壊してしまったり…あまりいい思い出のない職場です。

当時のエステはクレジットローンで多額なコース契約でした。大学生に24回無金利で細かい契約を何度もしたり、総額３００万円ほどクレジットローンを組んでいる人に更に契約を勧めたり。すでに高額契約をしている人に、組み換え？で新しいプランを提案したりと、今となっては本当に酷い。ブラックサロンだ！と思っています。こういったサロンがエステサロンの悪い噂を作っているから本当に腹立たしい、と今大人になって、外から見ることができて気づきました。

目標という名のノルマの金額設定も桁外れ…毎日長い拘束時間と女の園。高額なノルマに疲弊し自信を無くしている同僚や後輩たち。みんなが息抜きしながら働けるように、店長のいない日にはリラックスして欲しくて、ちょっとふざけたりしていました。しかし、場を和まそうとしたことも店長に告げ口されて、悪者扱いに。ちょっと度が過ぎたのかも？と反省もしつつ…。

私が何故、息抜きできる空間を作っていたかは理解されませんでした。しかし、悪者万歳のエステティシャン時代。わざわざ事細かに伝えて、私の本心を理解してほしいと思うほど魅力のある上司ではなかったため、せっかく務めたからには会社負担だし資格受験させてくれるから、絶対一発合格で資格とって辞める！と決意しました。笑
見事資格は一発合格！ 3年間の女の園大手エステティシャン勤務終了！アディオス！ぜってー見返してやるからな！と意気込んで退職したのを覚えています。

大手エステサロンの退職を決意したときに、次は何をして働くか？で迷い、迷って、またまた女の園！エステ・スパサロンに勤務しました。

会員制スポーツクラブ内のスパサロン。しかもオープニングスタッフ！として採用♪

(この後に私の人生を狂わせる大きな出来事が起こるとは…)

オープニングスタッフはとってもいろいろな学びを得るいい経験でした。スタッフもとてもさっぱりとした気持ちのいいスタッフで、女の園イメージは払拭！バラ園のようなすがすがしい職場でした。新規のスパサロンなので、オイルトリートメントのテクニックも本格的な先生が直接指導くださりました。そのおかげで、今でも学んだオイルトリートメントの手技は使っています。

サロンの作り方、メニュー構成、価格の決め方などサロンを作るときに必要な知識。新規オープンの大変さや地域性などもオープニングスタッフとして働いたおかげで多くのことを学びました。

「いつか自分のお店を開きたいな〜」と思っていた矢先にデキ婚・退職…。とっても楽しい職場だったので、もっと長く続けたい思いもありました。

後日談。私が退職してほどなく会社は倒産。お給料が払われないなどのトラブルもあったと聞いているので、逆にラッキーなタイミングでした。

26歳で起業！ シングルマザーのエステ開業

子どもが産まれ、働きたいと思ったときに、自宅で小さくサロンができないか？ 今まででやってきたことで小さなサロンを開業できないかな？ と考えていました。その時すでに、元夫は怪しい行動をしていたので、「いつか離婚してシングルマザーになるかもしれない！」と頭の中によぎっていました。
その後、デキ婚で結婚した相手が浮気…そして、離婚…。シングルマザーになったのは言うまでもありません。シングルマザーとして働くことは色々な不安がつきもので、悩み始めたらきりがありません。

私の場合、シングルマザーで子供を育てるにあたって、
・溺愛している娘との時間をたくさん確保したい！
・保育園からの呼び出し等にすぐ対応できる体制で居たい。
・お金もそこそこほしい！
という贅沢な希望がありました。

では、自分の希望が叶う働き方は？
・パート↓時給が安い×
・正社員↓拘束時間が長い× 残業は？子どもが熱出したらどうしよう？△
・自宅でフリーランス↓魅力的だけど、自宅と職場を一緒にする働き方は自分に合っている？△

「主婦　在宅ワーク」等の検索をたくさんしていくと、テレフォンチャット的なものが多く、そんなものはもってのほかです。

結論。小さくてもいいから部屋を借りてエステサロンを開く！◎

根拠のない自信と私の希望する働き方にぴったりとおもい、すぐに店舗用マンションを探し始めました。すべてが初めて。自分一人。一人で開業準備から何から何までスタートしました。この時から、私は雇われる側ではなく、自分で自分の働き口は作っていく！というスタイルに転換し、人生のターニングポイントとなりました。

エステサロンで資格を取得したことでサロンに箔がつき、オープニングスタッフとして働いていた経験から見よう見まねでサロンを作り、旦那が浮気したことで、こいつを見返してやるという一念発起し、愛娘の為の時間を優先したい想いから開業に至ります。

20歳で社会に出て26歳で開業。この6年間のすべてが、私がサロンをオープンするための修行の時間だったのではないか？と今では思っています。そして、娘は修行の成果を出すための贈り物だと思っています。

人生のターニングポイントは「離婚」

私の人生の第一のターニングポイントは離婚です。すでに、旦那の度重なる小さな嘘や隠し事で相手を信じられなくなっていたので、怪しい行動や浮気でいつかは離婚する気がするなと思っていました。

旦那がいなくなる覚悟と同時に、小さな娘にさみしい思いをさせず、育てるために考え抜いた末が《ワンルームサロン開業》でした。旦那の浮気というマイナスの出来事からこんなにも大きな一歩を出すことができた原動力はやっぱり我が子です。それとともに、元旦那への復讐の意味も込めて絶対に失敗しない！　絶対閉店なんてしない！　という強い意志もよかったのかな？　と今になっては思います。

子どもを一人育てなければならない状況で、離婚後の生活の選択肢には本当に迷いました。

正社員？　パート？　サロン開業？　子どもとたくさん一緒に居たい！　という贅沢な願いがあったからこそ葛藤したと思いますが、開業をすると決めた以上、やるしかない！　失敗は許されない気持ちで動くのみ！　と自分自身で決めて行動に移していたと思います。

今でも、サロン開業を選ばずに、会社員になっていたらどうなっていたのだろうな？　とふと思う事もあるのですが……夢を捨てられなくてお店を何かしらの方法でやっているんだろうな～と思います（笑）

サロン開業後はたくさん苦労しました。お店を開業したら、何かしらお客さんは来てくれると思っていましたが、知人は来てくれても、そこから広がらない。お客様には気に入っていただけてもまだまだ売り上げは少なく悩む日々。知ってもらう事（認知・集客）に苦しみました。今みたいにＳＮＳで発信することにはハードルのあった時代なので。せいぜいアメーバブログ（笑）
当時、子供が寝た後、母に起きたら連絡して！　と言い残し、同じ時期に独立をしたパーソナルトレーナーさんと1時間だけでも話をしていました。相談や愚痴を話す時間を作ってくれていた心の友の存在は大きかったです。この時から私が私として息抜きをすることは必要だなと感じていました。

集客に焦るがゆえに、今思えば怪しいコンサルのセミナーに行ったり、悪徳な業者に引っかかり高額なホームページ作成をしてしまったり、個人のクリエイターさんと打ち合わせでセクハラを受けたり…（20代後半でまだ大人の世界の怖さも知らなかったので、いろいろと苦労はしました）その時期も騙されてもへこたれることは絶対にせずに、「いい勉強をした！成長した！」と切り替えることができるポジティブな性格でよかったなって思います。

その他には、エステサロン特有のコース契約でも苦労しました。お客様には、お得に通っていただきたいので、数回（3～10回）くらいのお得な回数券を作成して、多いときで月の売り上げは１３０万円ほど（一人のサロンです）にまで登りました。

めちゃくちゃ嬉しかったのもつかの間。回数券を購入いただいた後は消化していただくため、ご予約がたくさん入ります。疲弊・疲弊・疲弊…。

回数券を購入いただいているため、体の疲労度に比べて月の売り上げは思いのほか伸びない（回数券消化で予約を入れられない）体力的に一番疲れ切っていました。１日７名ボディトリートメント…（笑）

自分が折れるかと思いました。

月間売上最高を記録の裏で…娘と母と

実はプライベートでもばたばたとしていました。子どもの送迎時間を確保し、母の病院のお迎えにできる限り時間を空けていました。(忙しくて迎えに行けない時もありましたが)

また、母が入院すると、面会時間のどこかではサロンの予約を入れずに、極力顔を見に行きました。手術(骨髄移植でしたが)の日も予約を開けつつ、予約を入れつつ、うまい具合に予約の合間にお見舞いと子育てを両立できたのは、自分でサロンをしていたからだと思います。今でも私の選択が間違っていなかったと本当に思っています。

自分でサロンを開いて、責任をもってお客様のケアをするという事で、実は母が亡くなった翌日、通夜の前でも時間配分をして1件だけお客様を施術させていただきました。お客様のブライダル直前でどうしても外せなかったのですが、全くバレずに楽しくお手入れをさせていただきました。自分の親が亡くなったすぐでも、気持ちを切り替えて仕事をする辛さを少し実感しました。

自分でサロンを経営するとなると、自分が疲れているとき、悲しいときでもそれをできるだけ見せずにお客様の前に立つ！という気持ちは、雇われている頃よりも大きくなります。時に頑張りすぎて疲れてしまうこともあります。

自分のサロンが大好きな私でも、やはり母の死の影響は大きく、「雇われて給料もらうのって安定していていいな」と思ってしまい、燃え尽き症候群閉店をしています。ですが、半年足らずでまた自宅の1部屋の小さなサロンから再スタート。現在は2店舗を経営しています。

再スタートとは、初スタートとは気持ちが違います。プライベートと仕事と上手にやりくりできるフリーなスタイルの働き方好き！この働き方いいよね！という気持ちと、やったことのないことに挑戦したい気持ちが多くなりました。新しい事にも挑戦したく、女性限定のサロンから男性の美容も扱うサロンへと進化しました。

そして、スタッフもすべて自営業のフリーランススタイル！プライベートと仕事の両立をして、1回きりの人生を楽しく仕事をしながら、時間のゆとりも心のゆとりもしっかりと持つ生活スタイルを一緒に歩んでいけたらと思っています。さらには「男性エステティシャン」の育成にも挑戦し、頑張って働いてくれています。

スタッフも自営業・フリーランススタイルで働いてもらっているのは、人生を楽しんでもらいたいからです。

拘束時間の呪縛に憑りつかれているよりも、野放しにしたほうがプライベートの時間と仕事の時間を有効に使えるメリハリが取れて、いい仕事ができるのでは？　と考えたからです。

それは私の独立開業した理由と同じです。集中していい仕事をして、自分で仕事と自分の時間を組み立てて、楽しい人生になってくれたらなって思っています。

自分の人生のプランナーは自分だけ

自分の夢を叶えるための人生のプランナーは自分でしかない！　と気付いてほしい。自分の人生をどう描いていくかは自分の意思と行動で無限に広がると思っています。

よく「私も自分のお店をやりたいんだけど…」という事を聞くのですが、でも…だって…とあきらめてしまう人が多い事がとっても悲しいなって思います。

やりたい意思があるなら、やりたい事を具体的に描いて行動を起こさないと何も始まりません。想い描いているだけで行動を起こさずに叶うことはまずないと思っています。

良くも悪くも、自分の夢をかなえるなら、自分の意思と行動で自分を操作し続けていくことで階段を1段ずつ上がっていくしかない。終わりもないですけどね。


例えば、私がエステサロンを最初にOPENしようと思ったときに何をどう考えて行動していったのか?というと、集客と自分の行動（保育園の送迎など）の利便性がいい場所に開業するための賃貸物件を探しました。

当時ほとんど貯金もなかったので、低資金（敷金礼金ゼロ）でスタートできる物件を探して、エステサロンの営業が可能かどうか問い合わせをいくつもしました。

毎月のランニングコストを抑えるために安い物件（35000円だった気がします）が決まったら、部屋の広さに合わせてベッドや家具・機材等必要最低限のものをそろえる準備。安い物件でも安く見られないように内装をエスニック調に統一することでそれなりの見栄えになるかも？とエスニック調に統一しました。

私のエステサロンに来てくれるであろうペルソナからメニュー構成を考え、サロンの名前や名刺を作成。できる限りお金をかけないように、チラシ作りもできるところは作りました。目標の売り上げを達成するためにお客様を何名施術するか妄想♪　ビラ配りもポスティングも一人で行いました。

お客様にリピートしてもらうために、独学で更に内容を深め、実技セミナーにも参加し、エステのテクニックを向上させました。スタートにお金をかけられないからこそ、自分ができることをどんどんしていきました。

ビラ配りも最初は恥ずかしいな…と思い、ポスティングも嫌だなと思ったことはありましたが、やっと開業した私のサロンを知ってもらうためには自分の足で動いて知ってもらうことは必要だとワクワクしながら必死で宣伝活動をしていました。

勿論、最初はサロンだけでは食べていけないので、パートをしながら予約のある時だけ営業をして、時間のある時は集客活動を行いました。夜は早めに切り上げて子供を保育園に迎えに行き、子どもとの時間もしっかりと取りました。

全くのずぶの素人からの開業でも、お店を開業したい気持ちを行動に移していたから今があると思っています。

お金のない安いマンションだったけれど、その一歩が無かったら今の2店舗はないので、まず第一歩を踏み出す事はとても大事だなと思います。

自分でサロンを経営していて、スタッフもいると、すごいよね！と言っていただくことが多いのですが、私も普通の主婦です。お金持ちの家に生まれたわけでも、実家が事業をしているわけでもない。トラック運転手とパートの両親です。

一般家庭に育って、結婚や離婚、再婚をしてちょっとは強くなっているとは思いますが、一般の主婦と何も変わらないんですよね。

何にも凄くない、ただのおばさんで、自分がやりたいことにちょっとの責任と勇気を出して行動に移した第一歩があったから、やりたいことをして楽しそうに生きているあやのさんと皆さんの目に映っているだけなのです(笑)

職場ではお客様からは子育てしながらサロンを経営しているエステティシャンのあやのさん。家に帰ればTVのリモコンを冷蔵庫にしまってしまうようなダメダメなママ。子どもがいない自分の時間はランニングや、韓国ドラマとビールで楽しむアラフォー女子。

普通の主婦の私でも、夢だったサロンを開業して毎日楽しい生活を送り、難関の子連れ

再婚までしています（笑）
自分の人生のプランナーは自分だけ♪　楽しい人生にしてくださいね！

松崎綾乃さんへの
ご連絡はコチラ

PART 19

あなたの人生のプランナーは
あなただけ。
人生をどう描くかはあなたの
意思と行動で無限に広がる

19歳で借金500万円を返済するために「うどん屋」起業で賭けに出た人生逆転劇

うどん屋オーナー&動画制作事業

丸山加代

2012年9月、香川県で「うどんやまるちゃん」を創業。「笑顔から生まれる幸せ」をコンセプトにした讃岐うどん店で、今では休日に3時間待ちの大行列が並ぶ。また、全国から「自分でお店をやりたい」と考えている方のバックアップも行っている。2020年7月にはD&Lを創業し、「つながるのその先へ」をコンセプトに動画関係の事業を手掛け、YouTubeやライバー活動、書籍販売、ミセスモデルなどのの活動を通して繋がるということに価値を置く。28歳のときには東京2020オリンピックの香川県の聖火ランナーとしても選ばれる。

生まれる場所は選べない、でも未来は変えられる

出生地・誕生日・両親不明の施設育ち。戸籍上の誕生日は4月19日になっていますが、これは施設の方が付けてくださった誕生日で、実際のところは不明です。生まれてすぐに捨てられましたが運良く当時の施設長さんに発見していただき、3歳まで大阪の施設で生活。４歳前に徳島の施設に移動になり、そこで今の里親に引き取られました。

17歳までは普通の家庭、それ以上の裕福な生活を送り、当時は里親が「本当の親」と思っていました。しかしひょんなことから自分が「特別養子」ということに気付いてしまいました。それを両親に伝えると、父の態度が豹変し「家を継ぐためだけに育てた」と。その日から２４時間監禁生活が始まり、私に自由はなく、部屋に外から鍵をかけられるという生活を約８か月し、その後家出をします。「このままでは自分が自分じゃなくなる。」と。

24歳の時に長男を出産しました。出産予定日より11日遅く生まれてきたのですが、それが４月19日です。干支も同じです。これは神様がくださった人生最大のプレゼントでした。

そして28歳の時、東京２０２０オリンピックの香川県の聖火ランナーに選ばれました。なんと香川県の走行日が４月19日だったのです。２０２０年に走行することは叶いませんでしたが、自分が捨てられて「４月19日生まれ」になったことはこの瞬間のためと初めて自分を肯定することができました。

２０１２年９月に「うどんやまるちゃん」を創業。

「うどんやまるちゃん」は、～笑顔から生まれる幸せ～をコンセプトにした讃岐うどん店です。しかし「普通の讃岐うどん店」ではありません。私は従業員に「当店は讃岐うどんのお店ではありません。笑顔創造企業です。」と伝えています。その名の通り「笑顔を作り出すための場所」で、うどんは「笑顔を作り出すためのアイテムに過ぎない」ということです。

人が笑顔になる瞬間は、家族といるときや趣味など好きなことをしているとき、または美味しいものを食べたときなどです。そして、笑顔になる瞬間に共通するのは「誰かと一緒に笑っている」という点です。うどんやまるちゃんは『世界一元気・感動・繋がり』を意識したお店作りをしています。また、全国から「自分でお店をやりたい！」と考えている方のバックアップも行っております。

2020年7月にD&Lを創業。

「D&L」は～つながるのその先へ～をコンセプトにした動画関係の仕事です。昨年立ち上げたばかりですが、YouTubeやライバー活動、書籍販売、ミセスモデル等の活動を通して繋がるということに価値を置いています。

1802年から2020年まで約200年以上の間ずっと「地の時代」でグレートコンジャンクション（私たちの社会や生活に大きな影響を与えること）が起こっていました。ですが2020年12月22日を境に「風の時代」が到来したのです。これからの時代を生き抜いていくためには、お金や物を所有するのではなく、自分が持っている情報や体験談をシェアしていくのが大切なのです。

私は自分の人生はなかなか他人が歩めるような人生ではないと考えています。それをたくさんの方に届けていきたいですし、同じ境遇や悩みを抱えていらっしゃる方に対して少しでも安心感を伝えて行きたいと考えています。そうしてそういうコミュニティの中でたくさんの方に「繋がる」ことの大切さをお伝えできたらと思っています。

19歳、借金500万円！

裏切りを3度経験した人生でした。1度目は自分が生まれたときです。実の両親にも理由があって私を育てられなかったのだと今はそう思うことができますが、事実を知った17歳の私にはかなり衝撃でした。事実を知った後、両親と話をしたのは数えられる程度しかありません。

そしてその衝撃は幼い頃の記憶を消しました。私は幼少期の記憶がほとんどありません。軽い記憶喪失を起こしています。思い出したくない、二度と同じ思いをしたくないという自分なりの自分を守る行動の一種です。

2度目は里親の本当の意図「家を継ぐためだけに育てられた」=「自分の人生を歩むことができない」と知ったときです。その後いろいろありましたが、今は育ててくれたことに心から感謝することができています。

3度目は里親から離れるために家出をしたのですが、その時はお金がなかったので昼の仕事と夜の仕事をしていました。夜の仕事をしていたときに知り合ったbarのオーナーに「次の新店舗を一緒にやってみないか」と誘われて自分で資金（500万円）を準備。それをオーナーに渡したのですが、その話自体が虚偽の話で借金だけを背負ったときです。

19歳で借金500万円というのは、昼の仕事をしても夜の仕事をしても返していける額ではありませんでした。昼の仕事の給料は生活費に消え、夜の仕事の給料は夜用の服代や美容院代に消えていきました。

自分の生活もままならないと感じたときに、「起業」という考えにたどり着きました。そして「うどん屋」という事業を選ぶわけですが、当時20歳の私はうどんが大好きでした。和風のダシがすごく好きで、小麦粉だけでこんなにおいしいものが作れるんだ、という単純な感動がありました。だから私は「うどん屋なら私にもできるんじゃない!?」と思ってしまったのです。

本当に当時の自分を叱りたいですし、全国のうどん屋さんに謝りたいです。でも当時はうどん屋をやろうと即決しました。うどん屋は保健所の開業許可書があればできるので、特段の資格が必要ありませんでした。私が高校生の時にとった簿記検定やワープロ検定は店舗では役に立つことはありませんでしたが、経営をするということは会計もするしパソコンは必ず使うので、そういう面ではその資格を取っておいてよかったなと思いました。

うどん屋をすると考えたときにはそれほど葛藤はありませんでした。準備や確認事項の方が多かったので、あまり考える余裕がなかったというのが正直なところです。ただ、「失敗したらどうしよう」という感情よりも「失敗したら死ぬだけ」と最終のことを考えていました。失敗したら500万円＋900万円（開業資金）＝1400万円の借金は確実に残ります。そこからさらに負債を抱えることもあると思います。今なら「じゃあ次はこういうアプローチで売上を上げていこう」等の案を作ることができますが、当時は20歳でしたので失敗＝死と考えていました。

でもその反面、成功したときのことも考えていました。どちらかといえば、成功した時のことをたくさん考えていたように思います。家族に恩返しをして、感謝を伝えたいと考えていました。

大人になるとやっぱり「母親の偉大さ」というのが身に染みてわかるもので、実際お腹を痛めて私を産んだわけではないですが、血がつながっていない子どもを我が子のように愛情を注ぐことって簡単なことではないと思います。それができた母親を絶対に尊敬する必要があるなと思うようになりました。

借金返済のための起業から、こだわりのうどん店へ

実際開業するにあたって、開業資金で900万円借り入れることになりました。多額の借金があっても、毎月きちんと返済できていれば銀行から簡単に借り入れすることはできます。しかし、きちんと返していなかったので、もちろん銀行からは「お貸しすることができません」とのお返事でした。たくさんの銀行を当たりましたが、全部そのお返事でした。自分で会社を立ち上げて、利益を上げて借金を返済しようと思っていたのに店舗自体建てられなかったのです。

そこで困った私は夫にその話をしてなんとか借りてもらいました。しかし夫は、私が作った事業計画書の説明もできなければ店舗概要も知らないわけですから、銀行のヒアリング調査のときにしっかり答えることができなくて、ギリギリまで借りることができませんでした。

なんとか融資が決定してやっとオープンできるというときにまた問題が発生しました。

それは仕入れ業者が決まっていない商品があったことです。私の店舗では原材料にはすごくこだわりがあり、〇〇県産の〇〇しか使わない、というのがたくさんあります。それを納品してくださる業者さんが決まっていなかなったのです。今になると当時どうやってその業者さんを探したかは覚えていません。

また、20歳の女性の話をきちんと聞いてくださる方は当時いらっしゃらなくて、すべて夫名義で事業をいたしました。だから個人事業主の名前も借入れをするときもすべて夫の名前です。ホームページも夫が代表という形で作成しています。もちろん夫にも一緒に「うどん屋をやろう!」と伝えて、作り方を習いに行ってもらいました。夫もいろんな思いがある中での決意だったと思います。その思いはホームページをゆっくり見てください。


オープンしてからも苦悩の連続でした。讃岐うどんというのはいわゆる「うまい・安い・早い」で表すことができます。早く食べられてしかも安い、でもうまい。しかし当店は「茹でたて・揚げたて」を必ず提供するお店です。お客様から注文をいただいてからうどんを湯がいて、天ぷらを揚げてという風に時間がかかりました。だから当時のお客様からは「待って食べるのなんて讃岐うどんじゃない」と厳しいお言葉をたくさんいただいておりました。

それでもなぜ「茹でたて・揚げたて」にこだわっていたかというと、麺類というのは湯がきたてが一番美味しいのです。そして時間が経つと麺が伸びて本来の風味や食感が失われていくのです。それを湯がきたて＝当たりうどん、麺が伸びた物＝ハズレうどん、と呼ぶようになっていました。それを払拭したかったのです。同じ金額を払うなら最初から当たりうどんが出た方が絶対にいいですよね？　だからこそ、待っていただいても「茹でたて・揚げたて」を提供していました。今でもそのスタイルは変わりません。

そして値段も「讃岐うどん」としては高単価です。当時は1杯700円程度でした。しかし私たちは「讃岐うどん店」ではないのです。「うどんにはほとんど価値はない」んです。最初からそれをわかってくださるお客様は少なかったです。だから創業して2年ほどは売上に困っていました。

自分の想いを発信する大切さ

ではなぜ高単価は受け入れてもらえないのか、待ってまで食べたいと思われないのかというのを考えるようになりました。まず値段は同じものなら高いよりも安い方がいい。それは皆さんそうだと思います。実際私もスーパー等で買い物するときは安い方を買ってしまいます。でもそれはあくまで「同じもの」の場合です。

讃岐うどんというのは今ではチェーン店がたくさん出てきていますが、香川県の讃岐うどん店は家族で営業しているような小さなお店がたくさんあります。味も作り方も素材も店舗によってすべて違います。それを「讃岐うどん」というひとくくりにはできないのではないか？と考えました。

最初はブログや店内ＰＯＰ等で「店舗によって作り方がちがうんだよ」と発信しました。つまり「みんな違ってみんないい」ということを伝えました。しかし、うまくいきませんでした。

次に思いついたのが、「店舗によって…」と広範囲ではなく、自店のＰＲをこれでもかというぐらいお客様に説明して、店内ＰＯＰにして、さらには新聞折込にして、ホームページも作ってとことんアピールしました。

そうしたら徐々にですが「そんなにこだわっているならしょうがないな」「待ち時間は長いけれど、ここのうどんは最強や」とうれしいお言葉をいただけるようになりました。もちろんお客様全員がそう思ったわけではありません。今も厳しいお言葉はたくさんいただきます。それでも自分の気持ちを、どういう思いでお店をしているかということを「自分から発信する」という大切さを学びました。

自分から発信したおかげで、コロナ前までは休日にもなると３時間待ちの大行列のお店に成長いたしました。最初は３人でのスタートでしたが、今では正社員が３名、準社員が１名、パート・アルバイトが２名という経営陣も含めて８名になりました。

しかし昨今から報道されている「コロナ」が客足に歯止めをかけています。今まで来てくださっていたお客様のお顔を見ることはほとんどありません。

その一方で、本当にたくさんのあたたかいメッセージやお手紙をいただいております。

「みんな苦しい状況でこんなにもあたたかい言葉かけができる方がいらっしゃるんだ！」と感動したことを今でも覚えています。それはお金にも時間にもかえることのできない、この世で私たちだけが受け取ることのできる最高のプレゼントでした。

そこで、「私たちにもまだまだ何かできるのではなか？」とスタッフ全員で考えてテイクアウトのお弁当を作りました。「うどんやまるちゃん」のうどんは待ってでも食べたいうどんですから、テイクアウトだからと「ハズレうどん」になることは許されません。

そのため、うどんのテイクアウトは行っておりません。しかし、当店には隠れ名物という「魔性のおにぎり」というものが存在いたします。26時間かけて抽出した最高級のお出汁でお米を炊き、天かすとネギを入れたシンプルなのに箸が止まらない一品です。それと天ぷらをセットにしたお弁当をご用意いたしました。

そして、そのお弁当をコロナが始まった２０２０年の春ごろに、無料でお配りいたしました。いつまで続くかわからない、学校も休校になり家族全員のご飯を3食作るのは本当に大変です。地元の方だけですがお声かけをさせていただき、３日間無料イベントを行ったところ、合計で３２８個ものお弁当を取りに来てくださいました。これは本当に素晴らしいことです。

個数が素晴らしいのではなく、一緒にお弁当を届けたいと思ってくれたスタッフ全員の努力の賜物です。その後は行政等のご協力があり、たくさんの政策を打ってくださったのでテイクアウト事業は順調でした。

また、コロナが流行しだしたころに「ECサイト」の強化も行いました。累計5万食を突破した「お土産うどん」は店舗の味とまったく同じものをご自宅で召し上がることができます。さらには芸能人の方にもご好評で、サンシャイン池崎さんやジローラモさんなどが店舗にご来店いただいております。

2020年激動の年でしたが売上を落とすことなく昨年から11%売上をUPさせることができました。これは店舗としても私自身としてもとてもうれしい数字で、この数字があるのはスタッフさんをはじめ、うどんやまるちゃんを愛してくださっているお客様がいらっしゃるからだと心の底から感謝させていただきます。

自分に自信があれば相手も共感してくれる

自分に夢や目標ができた時に必ず「失敗したらどうしよう」「周りになんか言われたらどうしよう」と考えることがあると思います。私もそうでした。しかし、いい意味で他人は自分に興味がありません。噂話や他人の不幸が好きな方もいますが、それはその話だったら話のネタになるし自分の周りに人が集まってくるからです。

想像してみてください。ご自身の周りにプラスの話になるようなことをお話されている方はいますか？　逆にマイナスな話をされる方はどのくらいいますか？　たぶん後者の方が多いと感じるのではないでしょうか？　それは自分もその話に耳を傾けているからです。

例えば自分が次に乗りたい車があったとしましょう。対向車を無意識に確認して「あっ！　あの車に乗りたいんだよね！　最近よく見かけるな」ということはないですか？

それと同じです。意識しているつもりはないけれど、脳が勝手に意識しちゃっているのです。

それは自分自身にも当てはまります。やりたいことができた時に、「不安になっている自分」が他人に相談するから「やめといた方がいいよ」とか「それって本当に大丈夫なの？」と言われるのです。

自分が「私なら絶対大丈夫」と思って相談すると声のトーンや笑顔の数、それから相手との目線の合わせ方すべてにおいてキラキラと自信に満ち溢れてきます。すると相手も共感してくれるのです。

他人は自分を映す鏡だといいますが、自分が不安なら相手も不安なのです。自分に自信があれば相手も共感してくれるのです。１００人いて自分の考えをわかってくれるのは３０人程度です。その30人を自分の人生の中で一番大切にしてください。

まだ自分の頭の中にある構想段階で「いいね！」と言ってくれて、「何かしようか？」と手伝ってくれるその30人は、自分が起業する前も後もかけがえのない資産です。そして10人程度が反対で、58人程度は「どうでもいい」と考えているのです。自分が生きていくのに精一杯なこの時代に「他人の幸せを喜べるわけない」と考えるのです。

自分の足で一歩を踏み出して頭の中の構想を目に見えるようにしていくと少しずつ認めてくれます。最初から100%で事業ができる方はいません。どの起業家さんもつまずいて悲観して自分の愚かさに気付いて成長していきます。それをお客様と一緒に共有するのです。

お客様が一番喜ぶものは金額でも技術でもありません。「あなたと一緒にいて心地よい」と感じるその瞬間なのです。また、100人のうち2人は「頑張っているあなたが嫌い」という人です。

これは起業してからも減ることはなく逆に増えていきます。でもその方たちに具体的な理由はなく「なんか嫌い」なんです。それは嫉妬や、たくさんの人に好かれている人が嫌いという価値観の違いです。だからそういう方に対しては「そういう方もいる」というぐらいの軽い気持ちで大丈夫です。

そして自分の考えをたくさんの方にお話してみてください。自分以上に「それいいね！一緒にやろうよ！」と一緒になって動いてくれる仲間が現れます。そうなってくるとあっという間に話が進んで行ったり事業が始まっていたりします。良い意味で他人を巻き込むことで最高のプロジェクトが完成します。

これからの風の時代に「待っていたら与えてくれる」という考え方では生きていけません。常に自分から発信すること、自分から見返りを求めずに常にだれかに与えるというマインドがとても大切になってきます。

最後は、「自分の気持ち」を大切にしてください。自分がやりたいことは誰のためにするのか、なんのためにするのかを明確にしておいてください。

なんとなく「お金持ちになりたい」「ほしいものを手に入れたい」「成功したい」というものでは長い道のりになります。

私も最初は「借金返済のため」という安易な考えで事業を起こしました。そのため、自分のことを他人に伝えることができるようになるのには約9年もかかりました。9年＝約3285日＝約78840時間を過ごしました。もっと具体的に考えていたらこの半分ぐらいでやりたかったことができていました。

しかし時間は戻りません。どんなにお金を稼いでも、どんなに夢や目標を高く設定しても時間だけは戻りません。だからこそ具体的に考えることは時間を大切に使うことになるのです。

この本を手に取ったということは少なくとも「なにかをしたい」「自分も頑張ってみたい」と考えていることと思います。この本に載っている21名は、そんなあなたの考え方や行動を必ず後押ししてくれますし、必ず賛成派です。

それはあなたが「この本を手に取って読んでみる」という行動を起こしたからです。行動を起こす人になれるのはほんの一握りしかいません。これからのことは仲間、考え方、自分の気持ちが常に解決してくれます。ぜひ一緒に女性だからこそキラキラ輝く人生を一緒に歩んで行きましょう！

丸山加代さんへの
ご連絡はコチラ

PART 20

やりたいことがあるなら、
「誰のためにするのか？」
「何のためにするのか？」を
明確にして、自分の気持ちを
大切にすること

Part20　丸山　加代

ビジネス経験のない箏曲家が単価を375倍にしたヒミツ

箏回想士

渡部佳奈子

箏PLAN代表。1982年生まれ。福島県郡山市出身。東日本大震災で被災したことをきっかけに箏を用いた高齢者向け回想プログラムを考案し、復興庁心の復興事業に択され高齢者の居場所づくりに貢献、現在までに84000人を超える高齢者に実施し、その活動が認められ、2015年内閣府から日本初にして唯一の箏回想士としてドイツ派遣されている。「芸術」と「福祉」を掛け合わせることにより高齢者福祉と伝統文化の発展に寄与する活動。目的を「箏回想法を通じて日本中の高齢者を笑顔にすること」とし、高齢者福祉施設にて箏回想法を実施。高齢者の笑顔にすることで福祉施設に集客する手法を展開する。日本中の高齢者を笑顔にするため全国を奔走中。

◉はじめに

一般には好きなことを仕事にするということは「食えない」「難しい」などと言われますが、私はそう思いません。10年前まで私は「趣味で箏(こと)をひいている人」でした。箏で食えていませんでしたし、箏で食えるなどとは露ほども考えていませんでした。箏の専門教育を受けたわけでもありません。介護の仕事をしながら箏をひいていました。

本章では、どうして仕事をしながら箏をひいていただけの人がビジネス経験もないのに、好きなことを仕事に独立できたのか? またいかにして成果をあげることができたのか? を【ストーリー編】と【実践編】に分けて記します。実践編でご紹介するノウハウは、今回一般にはお伝え出来ませんがどうしてもお伝えしなければならない部分はリンク先で限定公開しています。何が問題でそれをどういった発想で突破していたのかがわかり、同じ立場の皆さんの道しるべとなる内容となっています。

このノウハウは、趣味を仕事にしているけれど、やりたいことが散らかっている、自分が思うサービス(商品)の価値が世間の認識とズレているとお考えの方に共通して使えるノウハウです。

これまでに実践した「自分や商品の価値を知る方法」「自分や商品の価値の伝え方」について具体的に記載していますので、好きなことをビジネスにして高単価で顧客を獲得して、お客様からの感謝を増やしたいと考えている方は本気でページをめくってみてください。

現在、私は箏を用いた回想プログラム「箏回想法®」を独自に考案し、高齢者を対象に実施・研究・情報発信するなどの活動を10年にわたって行っています。

箏回想法とは、高齢者が箏の音色を聴いたり一緒に唄ったり、また合間に音楽により引き出された記憶についてのトークを挟みながら、脳の活性化や心身に癒しと安定をもたらすことを目的として実施する、箏を用いた高齢者向けの回想プログラムです。これを病院・高齢者福祉施設で実施し、その様子を各種学会、行政が行う介護予防講演や海外の高齢者福祉施設などで情報を発信しています。高齢者の様子を間近で見ながら、少し前までは考えられなかったような成果を挙げることが出来ました。

最初はただ個人的に好きでひいていた箏でしたが、あることをきっかけに箏をひくことに社会性が生まれたのです。その時から、箏の腕を磨くこともですが、箏を通して社会と向き合うことになりました。

まずしたことは「自分を知ること」です。自分の過去の体験を書き出し、掘り下げ、目的を設定しました。そして、次にしたことは「自分（とサービス）の価値を伝えること」です。これが出来なければお金を生むことが出来ません。活動をするにも社会貢献をするにもお金はかかります。当時の私のやり方では稼げていなかったので、社会に自分（とサービス）の価値が伝わっていなかったと言えます。

このような経験をしたため、しっかりと整理し、必要な人に必要な情報を届けることが出来るようにするという「正しい努力」が必要不可欠と考えています。同時に自分を諦めずに正しい方向への努力さえすれば好きなことを仕事にし、必ず成果を挙げられると確信しています。

こちらでは私の経験上「箏曲家」や「箏回想士」についての話ですが、こちらは皆さんの「仕事にしていること」に置き換えて読み進めていただければと思います。

まずはこちらのページにアクセスして読書開始の準備をしてください。

【書籍名】連動ページ：

https://kotoplan.jp/book-sd/　（パスワード：「115」）

また読者特典として「伝達実践ワークシート」などをお付けしています。（章末に記載）。このワークシートに取り組みながら好きなことを仕事にする一歩を踏み出していってください。

【ストーリー編】

まずはイメージしていただくために、あるストーリーをご紹介します。このＫさんが独立開業時の苦労を赤裸々に語っています。具体的なイメージを持っていただくために、Ｋさんになりきってストーリーを読み進めてください。

連動ページの赤いボタンです。

https://kotoplan.jp/book1-k-story/　（パスワード：「33」）

私はその後「自分の価値を知り（価値）」「サービスの価値を伝えられる（価値の伝え方）」「誰に」「何を」「何のために（目的）」「なぜ（理由）」「どのように（具体的行動）」「どれくらい（具体的行動数・時間）」などを具体的に定めて、これらを具体的かつ簡潔にして盛り込んだものをプレゼン資料にまとめました。これを「共感プレゼン」として必要な人に伝えていきました。そして、挑戦・失敗・微調整を繰り返し、以下の成果を挙げることが出来ました。

成果事例：

■価値の見直し後、前年度駄目だった内閣府海外派遣メンバー国内8名に選出
■共感プレゼンだけで時給８００円から３７５倍に跳ね上がる
■共感プレゼンだけで学会無縁状態から、学会から招待され講演を実施
■英語もドイツ語も話せないのに、共感プレゼンだけで箏回想士として海外研修1年間受け入れが決まる
■共感プレゼンと講演をきっかけにハーバード大の教授をご紹介いただく
■ハーバード大の教授からイタリアの会議で箏回想士のプレゼン＆パフォーマンスをとの招聘を受ける
■共感プレゼンをして行政からも「お願いします」と言われ介護予防講演会の講師として招かれる

などの成果事例を挙げればキリがありません。

元々私は単価を高くして顧客を獲得するなどという考えもなく、ただただどんな仕事でもどんなに持ち出しがあろうともスケジュールに入れて、体も心もボロボロになるまで気が付かずにいました。しかも二度も！

ところが、自分の過去の色々を洗い出し、価値を知り、必要な人に届けることが出来るようになることで、どうにも割に合わない仕事をすることもなく、周りと比較・競争・依存することなく高単価で顧客を獲得することに成功しています。

この内容が、私と同じように何かのお稽古事の先生や演奏家をしている方にとって再現性の高いノウハウだということはお分かりいただけたと思います。低単価で手あたり次第仕事を引き受けていた私でも、高い成果を挙げることが出来たのです。

この本を手に取っていただいている方は、おそらくどうやって成果を出し続けているのか「具体的な方法」について強く興味をもたれているのではないでしょうか。

いよいよ次は実践編！ すぐに実践出来るように具体的なものを実践編としてまとめてみました。箏曲家や箏回想士としているところはご自身の仕事に置き換えて読み進めてください。

【実践編①】箏曲家だったころの実態

《箏に携わるって素晴らしい》

「感動しました！言葉が出ない…ありがとうございます！」「日本人で良かった！ありがとう！」「こんなの聴いたことない！本当に良かった！ありがとう！」「ありがとう！また来て！また逢いたいわ！」という心からの感謝の言葉をかけていただけるのが箏曲家の仕事です。

箏曲家を経て、大好きな箏を仕事にして箏回想士となる前後では悩みました。「普通が良いというけれど普通ってなんだ？」「安定ってなんだ？そんなに大事なのか？」「普通と安定の中に幸せはあるのか？」「仕事って何のためにやるんだ？」いつも考えては悩み本を読んで納得のいく答えを探していました。今ではそんなことはありません。お金の報酬だけでなく心の報酬である「ありがとう」の言葉を受け取ることが出来るため、自分自身の仕事へのモチベーションを高めることが出来ているからです。
箏曲家は人の琴線に触れる仕事です。琴線を辞書で引くとこうです。『人の心の奥深くに秘められた感じやすい心情を刺激して感動や共鳴を与える。「広辞苑 第6版」(平成20年・岩波書店)』
このようにお客様の心の秘められた心情を刺激して感動や共鳴を与える仕事です。その影響力はとても大きく、だからこそいただける感謝も大きい。こうした心からの感謝を得ながらお金という報酬までもらえる仕事というのは非常に魅力的な仕事ではないでしょうか？

《 苦しむ現実 》

このように箏に携わる仕事はとても魅力的な仕事です。だからこそ1300年もの間私たち日本人の間で守り受け継がれてきたのではないでしょうか？ ところが、一般社団法人・全国邦楽器組合連合会(全邦連)がまとめた三味線、箏などの年間製造数は箏も1917年には25800だったものが2017年現在3900まで落ち込んでいます。とても魅力的であるはずの箏曲家の仕事ですが、箏曲家は地域に数名程度いて、それそれが活動していたり、集まって連盟として活動したりしています。それにもかかわらず箏の人口は減少傾向にあります。

色々な理由が考えられますが、主な原因はとしては3つ。

■資格を取得するまでに大きな投資が必要で、取得後も腕を磨くには大きなお金がかかり続ける制度に問題あり。

■資格を取ったのに、高単価にする術を知らず低単価の仕事の依頼または依頼者の言い値で仕事を引受けている。

■腕を磨くことには多額の金銭的投資と時間的投資を惜しまないが、人を集めることには一切投資していない。

投資したのに、人もお金も回収できない回収不能状態が続いていては苦しいだけです。

本来1300年以上続く箏の音色は、ちょっとやそっとお稽古したくらいでは奏でることはできません。そんな素敵な音色をお客様にお届けすることが出来て、その技術を弟子に伝えることが出来るのが箏曲家です。ところが、「集客が出来ない」ことや「低単価での依頼案件」ばかりが続き、その価値を周りの方にもわかってもらえないとストレスを感じている方は多いのではないでしょうか？

これが箏曲演奏家の現実ではないでしょうか。その一方で、回収に成功している箏の先生がいるのも事実。それでは高単価で仕事を獲得できている箏曲家とそうでない箏曲家には、どのような違いがあるのでしょう。

【実践編②】把握しておきたい特性と陥りやすい罠

《ビジネスで見た箏曲家の3つの特性》

これらの違いを見ていく上では箏曲の教室や演奏の仕事を「趣味」や「片手間」でなく、「ビジネス」としてみていく必要があります。ビジネスの観点で見た場合に箏曲家の行うサービスにはどのような特徴があるのでしょうか？こうした特徴を踏まえた上で考えていかないと成果に繋がりにくいのです。箏曲家のサービスの特徴は、3つにあると考えています。

詳細は連動ページの青いボタンにまとめています。

https://kotoplan.jp/book2-characteristic/　（パスワード：「24」）

この特性を踏まえて今度はハマりやすい罠についてみてみましょう。

《箏曲家のハマる3つの罠》

このような箏曲家の特徴を踏まえた上で、ここでは成功する箏曲家と苦しんでいる方との違いを見ていきたいと思います。苦しんでいる先生は多くの共通した3つの特徴があります。

詳細は連動ページの緑色ボタンにまとめています。

https://kotoplan.jp/book3-trap/　（パスワード：「32」）

罠にはまっていた私が、これらを解決する為に実際にどんなことをしたのかを見ていきましょう。

【実践編③】 顧客獲得まで実践したこと

《自分自身の棚卸》

自分は過去どんな人生を歩んできたのか？そこにどんな思いがあるのか？など自分の過去を棚卸してきちんと整理しました。そして「誰に」「何を」「どのように」「いくらで」「なぜ」「理念」「理想」「目的」「目標」「行動」など。過去の自分と向き合い、未来の目的を決めて、目的から逆算して今できることをどんどん目標・行動などに落とし込みました。ここで私は箏曲家でなく箏回想士として「箏回想法」というサービスを提供することに決めたのです。とはいえ、箏曲家をやめているわけではありません。

《伝える力の強化》

棚卸していたことを今度はお客様に伝わりやすいようにまとめておくのです。「肩書」「キャッチコピー」「自己紹介」「お客様にメリットが伝わる提案」「お客様に思いが伝わる提案プレゼン」「プレスリリース」を考え、作成しました。

2014年1月からは箏回想士として出来るサービス箏回想法を、私が役に立てそうなところを選んでお伝えしました。その直後から数々の成果があがるようになりたくさんの実績を積むことが出来ました。

実績：

◇内閣府より日本で初めての箏回想士としてドイツに派遣される
◇復興庁心の復興事業で箏回想法が採用される
◇CBI学会での招待講演
◇瀬戸内リベラルアートフェスティバル招待講演
◇起業塾での講演
◇行政より介護予防講演依頼

◇国立遺伝学研究所の教授より推薦状をいただく
◇ハーバード大学の教授よりイタリア開催の世界的な科学者や音楽家が終結する会議での発表に招聘される
◇TBS「ニュースの深層」より取材を受ける
◇志師塾ラジオ出演
◇先生ビジネス百科より取材を受ける
◇共感プレゼン一回で行政より介護予防講演会の講師依頼

自分とサービスの価値をまとめ、必要な人に情報として届けることが出来た結果です。

【実践編④】限界を突破して見た景色

大好きな箏を仕事にして、好きでひいていただけの箏を社会に役立てようと箏回想法というものに昇華させ、高齢者福祉に寄与することが出来ました。今では3歳の子どもを育てながら、昨夏からはもう一つの会社も経営し、今春から大学生もはじめました。「他者との比較でなく、過去や未来から見た現在の自分との比較」「周りとの競争でなく、立てた目的に対して今できること」を意識するようにしたことで、ブレることなく精神的にも経済的にもかなり自由さを感じて生きることが出来ています。

《限界をつくる人》

今ではありがたいことに箏回想士としてのびのびやらせていただいておりますが、精神的にかなり辛く挑戦することや目的を宣言することをやめていた時期がありました。

「やりたいことをやるなんて…普通旦那さん優先でしょう？」「夢なんて言ってないで働くのが一番」「（出張に行くと）旦那さんどうしてる？　置いてきたの？　かわいそうに…」「国のために子どもを生んでね。先生（私）まだまだ若いから～」「子どもがいないのではだめだ」など

全て箏曲演奏や箏回想法で訪れた先でかけられた言葉です。箏を通して私も社会貢献したいだけなのに、社会とは不思議なもので、20代の私には異口同音、一人の人間ということよりも妻であること母親になることを優先するようアドバイスをします。だんだんそういうものに疲れて夢を語ることや挑戦することをやめていきました。

ところで、皆さん、こんな話をご存知でしょうか？

私の師匠が「ノミの話」というものを教えてくださいました。メモしておいたものをご紹介します。

みなさん、ノミのジャンプ力がどの位か知ってますか？

ノミは３０ｃｍほどのジャンプ力があると言われています。体長が約２ｍｍのノミが３０ｃｍ飛ぶのですから、自分の身長の１５０倍のジャンプ力という事です。

（計算でいうと、１７０ｃｍの人が２５５ｍの高さまで飛ぶことになります。ちなみに東京タワー

トップデッキが２５０ｍですからそれよりも高く飛ぶことになります。）

３０ｃｍも飛ぶノミをガラスの箱に入れてガラスの蓋をします。ノミは最初、コップから出ようとジャンプするのですが、その度にガラスの蓋にぶつかります。しばらくしてガラスの蓋をとるとどうなるでしょうか？

ノミはガラス箱の高さよりも高くジャンプすることが出来なくなっています。ノミは自分の限界を自分で決めてしまったのです。

では、このノミをもう一度ガラス箱よりも高くジャンプさせるためにはどうすればいいのでしょうか。

それは、もう一匹、ノミをガラス箱に一緒に入れる事だそうです。「飛べないノミ」は「飛べるノミ」の姿を見て飛べるようになるといいます。ノミは自信を取り戻し、またチャレンジして、ガラス箱を飛び越えられるようになるのだそうです。

どうですか？ 皆さん、自分自身の限界を自分で決めてはいませんか？

「このノミは私だ…」と頭をハンマーで殴られた気がしました。

私は周囲の声を聴き「普通に生きなきゃ」と、自分で自分にガラスの蓋をしていました。

それまで、周囲は私のことを理解しないからこの世の中を生きやすくするには普通に生きなければと考え、普通であることを自分に強いていましたが、その時初めて「あぁ、周囲の声を聴くと決めたのは私だったのか。周囲の決めた限界を自分の限界と思い込み、挑戦することから逃げていたのか！」と気が付きました。

また、この話を聞いて、本当に恐ろしいと思ったことは「飛べなくなったノミ」もさることながら、「飛べるノミ」を見ても、何の刺激も受けず再びチャレンジをすることもしない「飛ぶ事をしないノミ」になることだと思いました。

私自身も今までたくさんの失敗もしましたし、実際にうまくいかずあきらめかけた事もたくさんありました。これからもあると思います。そんな時、この「ノミとガラス箱」を思い出して、自分で限界を作らず、いつまでもあきらめない気持ちを持っていたいと思います。

【実践編⑤】　社会での役割

いよいよ最後になりました。芸術・文化で自立する人の役割について、私の考えをお話しさせてください。２０２０年からのコロナ禍では芸術や文化に対する、補償・補助などが少ないことがより一層露呈した年となりました。確かに日本は手薄なのですが、国のお金に頼ることも一つ頭の片隅に入れつつ、芸術・文化の担い手一人ひとりが自分とサービスの価値をまとめ、必要な方に伝えられるようにまとめる機会としてみるのも良いのではないでしょうか？

今までの「腕を磨いてさえいれば」「わかる人だけがわかる」「力のある人に頼る」などのマインドややり方はもう通用しません。やはり他の誰かと比較・競争する、また頼ることばかりでなく、自分のことは自分で決め、またその価値を発信し、必要な人に刺さるように伝えることが大切です。

そして、そういう人のところには、仕事もお金も協力者も集まり、やがて芸術・文化の価値の底上げをする存在になるのだと確信しています。そういった方々が増えることを目指して、私も自分にできることをしていきます。ぜひ一緒に一歩踏み出しましょう。

《これから一歩踏み出そうとしている方に伝えたいこと》

一歩踏み出す前「私なんてまだまだ」「同業の先生に見られたら恥ずかしい」「きちんとしてから始めたい」こんなふうに考えていたこともありました。今までの人間関係や突然感もあり、ネットなどで目的や目標を宣言することは勇気が要ることでした。

私はそんなときいつも「人が自分を見ていると思うのは自意識過剰」「誰も見ていない」「見てほしい人にだけ見てもらえるように作りこんでいる」と考えるようにしています。そうすると、３割スタート出来ます。一歩踏み出さないことには成果を挙げることが出来ません。成果を挙げることが出来なければ改善も出来ません。スタートしてしまえばあとは微調整と改善を図っていけばよいのです。

読者特典として章末に記載の「伝達実践ワークシート」を活用し、必要な人に必要な情報を伝える一歩を踏み出してみてください。

◉謝辞

ここに何度か登場致します、起業塾とは「志師塾 https://44jyuku.com」のことです。塾長の五十嵐和也氏に出逢い人生がガラガラと音を立てて変わりました。また志師塾13期の同期の皆様には仲間として良いときもうまくいかないときも寛大な心で寄り添っていただきました。そのおかげで今があり、大変感謝しております。

また、多大なるご理解ご協力ご支援をいただきました高齢者福祉施設関係者の皆様、私にたくさんのチャンスをくださりご支援くださる国立遺伝学研究所の川上浩一教授には改めて感謝申し上げます。

そして、私に根気よく箏を教えてくれた母、幼いころからビデオ係と辛口評価を買って出てくれていた父、一緒に活動してくれた妹と箏仲間・箏を通して関わってくれた全ての方々にも感謝の気持ちでいっぱいです。

最後に、どんな時も私に寄り添い癒してくれている息子と、どんなに苦しいときも大変な時も手に手を取りあい同士のように一緒に歩んできてくれた夫・渡部裕之氏にも特大の声で感謝の気持ちを伝えたいと思います。

ありがとうございます。

渡部佳奈子さんからの
読者特典はコチラ

PART 21

他の誰かとの比較・競争をやめて、自分とサービスの価値をまとめ、必要な人に刺さるように伝える

人生の歯車がゆっくりと動き出す
──さいごに──

本書を最後までお読みいただきましてありがとうございました。女性起業家21名の生き方・考え方・働き方・人生ストーリーを読んで、あなたはどのように感じましたでしょうか？

21名の女性起業家も初めから全てうまくいっていたわけではありません。それぞれに人生が変わるきっかけがあり、そのチャンスやターニングポイントで勇気を振り絞って一歩踏み出したからこそ「今」があります。ちょっとした勇気と小さな一歩から全ては始まるのです。

人生という約80年に渡る壮大な物語の主人公は「あなた」しかいません。その物語の脚本を作るのも「あなた」です。物語の主人公が「あなた」でも、脚本を「あなた」以外の誰かに任せてしまうと、自分らしく生きることはできません。物語を作るのも演じるのもあなた自身なのです。

両親・会社・家族を優先する人生ではなく、一度自分の気持ちを優先して人生を生きてみるのもいいと思います。

一歩踏み出すときに勇気がなかなか出ないときは、本書の「自分らしく生きるヒント」を思い出してみてください。必ずあなたの背中を押してくれるメッセージになるはずです。

今、本書を閉じた瞬間からあなたの新しい人生がゆっくりと動き始めます。でも、今までどおりの決断や行動をしていても、今までどおりの人生になってしまいます。

だからこそ、本書を閉じた瞬間、どんな一歩を踏み出すかが大切です。今までしたことのない髪型・ネイル・メイク・服装をしてみるなど、どんな小さなことからでも構いません。

本書をきっかけにあなたの人生の歯車がゆっくりと動き出し、あなたらしく自由な新しい人生に変化していくことを21名の女性起業家と切に願っております。

あなたの人生は「あなた」だけのもの。

Rashisa出版(ラシサ出版)編集部

自分らしく生きるヒントが詰まった

21 ストーリー

2021 年 9 月 22 日　初版第 1 刷発行

著　者　Rashisa 出版（編）

安立由佳・新崎亜子・一番ヶ瀬千恵・岡佐紀子
小川樹恵子・柏山真紀・神山涼子・皐月香里
清水なほみ・白幡由紀子・杉江綾希子・高根澤弘恵
谷口りな・鶴野藍蘭・内藤恵梨・長岡行子・藤澤麻子
松坂直子・松崎綾乃・丸山加代・渡部佳奈子

発行者　Greenman

編集者　Greenman

ライター　濱 彩

装丁・本文デザイン　三森 健太

発行所　Rashisa 出版（Team Power Creators 株式会社内）
〒 558-0013 大阪府大阪市住吉区我孫子東 2-10-9-4F
TEL：080-5330-1799

発　売　株式会社メディアパル（共同出版者・流通責任者）
〒 162-8710　東京都新宿区東五軒町 6-24
TEL：03-5261-1171

印刷・製本所　株式会社堀内印刷所

ISBN 978-4-8021-3276-3　C0034